guía de la alimentación Bio

Solveig Darrigo-Dartinet

Ilustraciones: Pierre Bourcier

HISPANO EUROPEA

Índice

¿Por qué una guía
de alimentación bio?

Como dietista y amante de los productos naturales, aprecio los buenos alimentos. Buenos para el paladar y buenos para el organismo. Me refiero a alimentos naturalmente buenos, sin pesticidas ni sustancias químicas, sin artificios ni transformaciones para convertirlos en «dietéticamente correctos». Pero buscar la calidad significa remontarse a las fuentes. De ahí proviene mi intenso interés en lo relativo a los nuevos productos bio que han ido emergiendo con el paso de los años. Como cualquier consumidor, he querido saber más sobre la agricultura ecológica y todos los artículos resultantes de este tipo de producción. Mi curiosidad me empujó a conocerlos mejor. Los he degustado y, forzosamente, comparado con los alimentos «clásicos», he descubierto también numerosos alimentos y productos prácticamente desconocidos en mi lista de la compra (harina de arroz, de kamut, puré de almendras...), he probado incontables variaciones de recetas habituales y he encontrado diferentes orientaciones culinarias. He analizado sus propiedades nutricionales, tanto si se trata de alimentos crudos (fruta, verdura, todo tipo de cereales...) como de productos transformados (pan, lácteos...), categorías que se siguen confundiendo.

Yendo a buscar directamente a los responsables de todo lo bio y todo lo eco, he aprendido poco a poco a entender lo que se esconde detrás de un pequeño logo. He cuestionado a los científicos implicados en este ambicioso proyecto, que no es ni sencillo ni anacrónico, pues requiere de verdaderas proezas tecnológicas. Y, finalmente, he comprendido el significado completo de esta frase: «Comer bio es ver más allá». Más allá de un tipo de cultivo y de un modo de producción, preservando el entorno. Comer bio es reflexionar sobre nuestra alimentación y la de nuestros hijos. Tener una actitud bio consiste en consumir con responsabilidad, favoreciendo el comercio justo, respetando las temporadas de cada alimento, limitando los embalajes contaminantes. Se trata, así mismo, de cocinar bio para aprovechar los sabores intrínsecos de los alimentos y su vitalidad potencial. Es componer menús bio, desde el desayuno a la cena, superando nuestras preocupaciones por la salud. En la actualidad hay que tener en cuenta los recursos de nuestro planeta. Afortunadamente, la salud del entorno natural y los consejos nutricionales que nos conviene adoptar van de la mano. Por eso es necesario, desde ahora mismo, actuar en relación al contenido de nuestros platos y transmitir a los más pequeños de la familia esta cultura culinaria. Finalmente, la clave de todo este proceso no es otra que el respeto por el entorno y por nuestro propio organismo, cosa que sensibiliza a todo «consum-actor».

¡No hay nada más moderno que comer bio!

Solveig Darrigo-Dartinet

....

Con la palabra «consum-actor» la autora se refiere a todo consumidor consciente de la necesidad de llevar una vida sana que preserve el entorno y que actúa en consecuencia (N. de la T.).

Definición de bio

¿QUÉ ES UN PRODUCTO «BIO» O «ECO»?

Es un producto elaborado a partir de materias primas que provienen, al menos en un 95%, de la agricultura ecológica, respondiendo a criterios precisos relativos al **respeto al medio ambiente**. Su método de cultivo excluye el empleo de productos químicos como pesticidas, herbicidas y abonos químicos. La garantía «sin OGM» (sin utilización de Organismos Genéticamente Modificados) también forma parte del compromiso de los agricultores, fabricantes y distribuidores de artículos bio. El suelo solamente puede ser fertilizado mediante sustancias naturales y con este tipo de sustancias debe lucharse contra parásitos y producir semillas. Además, cada etapa de la transformación del producto debe ser completamente bio: almacenamiento, acondicionamiento, transporte...

En el caso de la ganadería, el número de cabezas por unidad de superficie está limitado y su alimentación debe ser bio. El ganadero debe asegurar, igualmente, un buen equilibrio entre la cría de sus animales y las tierras agrícolas.

....

El eventual 5% restante está constituido por productos que no tienen la categoría bio y que, además, están inscritos en una lista limitada que figura en el reglamento 2092/91.

Identificar un producto bio

Sea cual sea el lugar de compra y su exposición (cajas en el supermercado, embalaje de un producto manufacturado...), el consumidor debe ver claramente:

→ la mención «agricultura ecológica»,«producto de la agricultura ecológica» o «producto derivado de la agricultura ecológica»;

→ el nombre del organismo certificador (Consejos Reguladores de la Agricultura Ecológica de cada comunidad autónoma, ECAL, BCS...

¿CÓMO SE CONTROLAN LOS PRODUCTOS BIO?

Existen consejos reguladores autonómicos, estatales y privados (con la aceptación por parte de la administración pública). Estos comités proceden a controles sistemáticos sin previo aviso de productores y transformadores por lo menos una vez al año y, cuando es posible, dos. Los controles se hacen en función de los pliegos de condiciones relativos a la seguridad sanitaria de los alimentos (búsqueda de micotoxinas, trazas de antibióticos, de dioxinas o de otros contaminantes). Este es el extremo más vigilado en el terreno alimentario.

¿DÓNDE COMPRAR PRODUCTOS BIO?

Actualmente no hay nada más simple que comprar productos bio o eco. Todos los mercados y supermercados van ampliando continuamente su oferta en este sentido, ¡incluso en los congelados! En cuanto a las tiendas bio, especializadas, cada vez están más presentes en toda Europa y su oferta es cada vez más importante. Otro fenómeno en plena expansión es el del comercio justo, que consiste en la adquisición de productos bio directamente de los agricultores o, en su defecto, de cooperativas y ONG. Menos poética pero muy eficaz es la compra vía Internet, que permite a los consumidores recibir en casa su cesta de productos bio. Los sitios de compra son múltiples y se adaptan a todas las situaciones.

En contrapartida, **el proceso difiere mucho según el lugar en el que compremos**. Cuando compramos directamente al productor, a la cooperativa o a una organización voluntaria como una ONG, acortamos la cadena de distribución y favorecemos un precio justo para los productores. Los consumidores más exigentes encontrarán mayor diversidad de productos y marcas en una tienda bio y, además, podrán ser aconsejados personalmente sobre cada artículo y su utilización. Los supermercados, por su parte, favorecen el acceso de un público mucho más amplio a estos pro-

El logo de agricultura ecológica propio de cada país es facultativo (aunque a menudo está presente en los envases), pero el logo de «Agricultura Ecológica» europeo debe aparecer en todos; en 2010 será reemplazado por otro distinto.

Debe prestarse mucha atención a los verdaderos y a los falsos amigos:

VERDADERO: como el logo de «Agricultura Ecológica España» es facultativo, muchos productos bio no lo llevan en sus envases.

FALSO: por el contrario, menciones tales como «producto natural» o «producto de granja» no se adaptan a las severas normas de la agricultura ecológica, por tanto no tienen porqué ser ciertos.

En España, el control y certificación de la producción ecológica se lleva a cabo a través de Consejos o Comités territoriales dependientes de los Departamentos de Agricultura de las Comunidades Autónomas o directamente por Direcciones Generales adscritas a las mismas. No obstante, tres Comunidades Autónomas han autorizado a su vez a unos organismos privados para estas funciones: Andalucía, Castilla-La Mancha y Aragón. La etiqueta de cada producto debe contener, obligatoriamente, el código de la entidad certificadora, formado por las iniciales ES, que indica que el producto está certificado en España; las iniciales CA, por ejemplo en el caso de que el producto proceda de Cataluña; y seguido de un número de dos dígitos que identifica a la entidad certificadora y finalizando con las siglas AE, en referencia a Agricultura Ecológica: ES - CA – 23 – AE (N. de la T.).

¿Cuál es la diferencia entre agricultura ecológica y agricultura «integrada»?

La agricultura integrada se encuentra a medio camino entre las exigencias de la agricultura ecológica y los excesos de la agricultura intensiva. Es más razonable que esta última: empleo moderado de pesticidas, disminución de las cantidades de fertilizantes, consumo limitado de agua... pero necesita seguir siendo rentable a gran escala. Esta nueva forma de agricultura sufre la inexistencia de un plan de reglamentos y controles dirigidos por un organismo externo.

El resultado es que los productos son muy difíciles de identificar (no llevan siglas ni logo) y responden a niveles de exigencia muy variables.

ductos, pero no pueden llevar a cabo la función consejera personalizada. Hay que saber, de todas formas, que sea cual sea el lugar donde compremos, la calidad de los productos ecológicos es equiparable porque todos están sometidos al mismo pliego de condiciones.

Para consumir productos locales

Puedes dirigirte a las asociaciones de agricultores ecológicos de tu comunidad autónoma para informarte sobre las opciones que tienes para consumir sus productos de manera directa. Consulta a la Sociedad Española de Agricultura Ecológica, cuyo enlace encontrarás en el siguiente apartado.

De todos modos, debemos tener en cuenta que el comercio local y la compra directa a los agricultores no implican, necesariamente, que sus productos sean ecológicos. Las asociaciones y cooperativas de agricultura no están destinadas únicamente a llenar el carro de la compra de los particulares que quieren consumir productos locales y de temporada. En muchos casos, además, hay que asociarse a la cooperativa o asociación dado que estos agricultores necesitan de cierto grado de implicación por parte de sus socios para que su trabajo sea rentable.

Para encontrar las tiendas bio especializadas más próximas a tu casa

→ En la web de la Sociedad Española de Agricultura Ecológica (www.agroecologia.net), en el apartado de «enlaces», hay un listado de productores y distribuidores de alimentos bio en España. La web de APEM-CAE (www.ecoalimenta.com) tiene un buscador de ecotiendas, además de noticias de interés para toda España.

→ Existen tiendas especializadas en productos bio o de origen natural asegurado como, por ejemplo, Veritas (www.ecoveritas.es) o De la Terra (www.delaterra.net). ¡No debemos olvidar las Páginas Amarillas si queremos encontrar tiendas bio cerca de casa!

Para comprar productos bio en los supermercados y en las grandes superfícies

Desde hace unos años podemos encontrar este tipo de productos en cualquier supermercado e incluso en colmados de barrio. Los supermercados grandes han desarrollado sus propias marcas bio, como Carrefour, Alcampo, Champion o Mercadona entre otros. Los artículos eco de estas marcas son un poco más baratos que los de marcas bio, igual que pasa con los otros artículos de marca blanca.

Así mismo, se puede comprar online en Natura Sí (www.naturasi.es), Ecototal (www.ecototal.com) o G&C (www.gastronomiaycia.com), entre muchas otras.

Resumiendo, la oferta de productos bio está bastante desarrollada en España, aun sin llegar a los niveles de Francia, por ejemplo. Tú decides de qué manera quieres adquirir este tipo de productos escogiendo el canal de distribución que prefieras.

¿CÓMO EVOLUCIONA EL MERCADO BIO?

La creciente preocupación general por el medio ambiente favorece el aumento del número de personas que intentan llevar una vida cada vez más sana. Para conseguirlo, la alimentación es uno de los ámbitos que más interés despierta.

Siendo así, es fácil entender que el mercado de productos ecológicos vaya creciendo de forma continuada. En este sector, el consumo de artículos bio ha aumentado un 1,5% en dos años. Al analizar estos datos no debemos perder de vista que España no alcanza los niveles de consumo que se dan en otros mercados ecológicos europeos, tales como Alemania, Francia o Italia, países que despuntan en el consumo bio. Fuentes fiables, como el European Market for Organic Products, consideran el mercado español como un sector emergente que incrementará significativa-

¿Y qué es la agricultura biodinámica?

La agricultura biodinámica complementa a la ecológica mediante prácticas específicas como la fabricación y utilización de preparados de origen vegetal, animal o mineral para los tratamientos y la fertilización del suelo. Dichos preparados se mezclan (o «dinamizan») y luego se echan en los cultivos según un calendario ligado a los astros (luna, sol...). El sello de certificación «Demeter» permite reconocer los productos salidos de la agricultura biodinámica. Para más información y para conocer la lista de productores, podemos dirigirnos a la web de la asociación: ‹www.asoc-biodinamica.es›

Bio
por aquí

Bio
por allá

mente su cuota de consumo en materia ecológica.

Respecto al mercado europeo, este experimentó entre 2004 y 2005 un crecimiento del 14%, alcanzando un volumen de 14.000 millones de euros en la actualidad.

En líneas generales, la mayoría de los europeos declaran tener intención de aumentar su consumo de productos ecológicos, mientras que pocos son los consumidores de productos bio que afirman no desear aumentar su gasto en dichos artículos.

Lejos de ser un fenómeno de moda pasajera, el estilo de vida bio se afianza en la sociedad europea dentro de un proceso de auténtico consumo responsable.

Según los últimos sondeos de la Agencia BIO de Francia, en dicho país, en 2007, el 70% de la población afirma adquirir los productos ecológicos en grandes y medianas superficies, el 47% en los mercados, el 31% en tiendas bio y un 19% afirma hacerlo directamente a los productores. Normalmente, los artículos bio adquiridos en los mercados son frutas y verduras, mientras que los lácteos se compran en supermercados y las especias en tiendas bio.

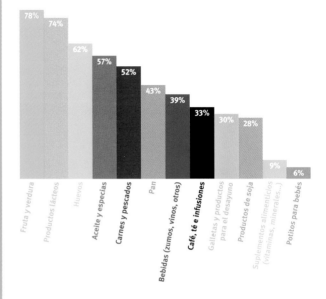

→ Fuente: sondeo efectuado por la Agencia BIO en 2007 sobre 338 consumidores y compradores bio en relación a los productos que prefieren.

¿CUÁLES SON LAS VENTAJAS DE LOS PRODUCTOS BIO?

La agricultura ecológica protege el medio ambiente

Este tipo de producción y transformación prioriza los procedimientos no contaminantes, respetuosos con el ecosistema y con los animales. La agricultura ecológica tiene, pues, un impacto favorable sobre el entorno:

→ Preserva la calidad del agua y del aire prohibiendo el uso de productos químicos de síntesis.
→ Reduce considerablemente el riesgo de contaminación por nitratos.
→ Contribuye a la armonía de los paisajes rurales.
→ Respeta, desarrolla y conserva la biodiversidad animal y vegetal.
→ Conserva y mejora la fertilidad de los suelos manteniendo o aumentando la capa de humus mediante aportaciones orgánicas y rotaciones largas.

Contrariamente a lo que se piensa, la agricultura ecológica no tiene nada de «retrógrada». ¡Al contra-

rio!, respetar el entorno natural, evitando el empleo de tratamientos químicos estereotipados, requiere investigaciones rigurosas: deben desarrollarse procesos técnicos y materiales de producción muy sensatos. Absolutamente encarado al futuro, este tipo de cultivo ha sabido desarrollar tecnologías evolucionadas en consonancia con sus convicciones.

Los productos bio: una oferta (bio)diversificada

La agricultura y la ganadería ecológicas recuperan numerosas especies locales, regionales, antiguas o tradicionales a veces caídas en el olvido. Protegiendo la biodiversidad, la ecología preserva un patrimonio genético único. Resultado: la oferta se amplía en nuestros platos, para mayor goce de los sibaritas.

Todas las categorías de alimentos necesarios para nuestra alimentación están actualmente presentes en su forma bio: frutas y verduras, naturalmente, pero además harinas, toda clase de especias dulces y saladas, carnes, productos lácteos… También encontramos productos elaborados, tales como la crema de leches vegetales o los purés de frutos secos. Con una oferta creciendo sin cesar (entre 4.000 y 10.000 referencias), los productos bio consiguen una diversidad increíble. ¡Se pueden contar de 20 a 120 variedades de cada artículo de media y no menos de 30 tipos de aceite!

El buen sabor de los productos bio

Parece difícil poder encontrar consenso en una apreciación tan personal como es el sabor de los alimentos. Sin embargo, cuando se respetan los métodos tradicionales y naturales, los alimentos se benefician de un potencial gustativo incomparable. Desde las verduras recolectadas en su justo punto hasta la carne de los animales que han tenido el privilegio de corretear al aire libre, pasando por aceites prensados en frío, estos alimentos tienen todas las oportunidades para transmitir un sabor más auténtico.

¿La vida bio es lo mejor para la salud?

Hasta la fecha, hay que admitirlo, ningún estudio serio y de envergadura deja de defender, de manera categórica, la opción bio. Es cierto que inicialmente la agricultura ecológica tuvo por único objetivo la protección del medio natural. No obstante, científicos y consumidores han sabido encontrar otros puntos de interés relacionados con la salud:

• Menos pesticidas

Este tipo de producción previene riesgos de enfermedades relacionadas con la toxicidad de los productos de síntesis (fertilizantes químicos y pesticidas). Eso sin contar que los mismos agricultores, viticultores y demás usuarios de estos productos entran en contacto directo con los tóxicos. Las mutuas agrícolas han establecido una relación entre dichas sustancias activas y la salud de los usuarios de productos tóxicos: ¡el 73% de las enfermedades y dolencias declaradas por estos usuarios están directamente relacionadas con los pesticidas empleados!

En cuanto a los consumidores, ingieren residuos de los pesticidas a través de los alimentos consumidos, que han sido copiosamente rociados con múltiples tratamientos. Naturalmente, cuando los productos llegan a nuestro plato no contienen todos los pesticidas juntos: no llegan ni la mitad a las frutas y verduras analizadas.

Por otra parte, aunque se trate de dosis muy pequeñas en relación a todo lo que les echan, ¡el 7% de la producción excede lo previsto en la norma legal! Y según algunos científicos, el peligro viene del efecto acumulativo de los contactos repetidos, aunque sean a dosis muy pequeñas, con dichas sustancias químicas y quizás por los efectos combinados de los residuos. Su acumulación en los tejidos perturba el sistema endocrino, provoca cáncer, desarrolla patologías neurodegenerativas, debilita el sistema inmunitario, causa problemas respiratorios, reacciones alérgicas y disminuye la fertilidad. Todas estas sos-

¿Pesticidas caídos del cielo?

Hace sólo poco más de medio siglo que los pesticidas se usan en cantidades grandes para la agricultura intensiva. Pero en ese corto lapso de tiempo (a escala de tiempo histórico y todavía más a escala de planeta) estos se han infiltrado por todas partes en nuestro entorno: en el agua subterránea y en la superficial (capas freáticas, cursos de agua, etcétera), así como en el aire que respiramos ¡e incluso en la lluvia!
Entre 1995 y 1996, en Rennes se instalaron estaciones especiales para medir los pesticidas presentes en el agua de lluvia. El resultado fue que casi todas las muestras tomadas presentaban pesticidas y, de estas, el 60% pasaban de los 0,1 µg/l, concentración máxima admitida para el agua de distribución...

Fuente: Web del Movimiento para el Derecho y el Respeto de las Generaciones Futuras, ‹www.mdrgf.org›

pechas están siendo objeto de estudio y requerirán más de veinte años de investigaciones. Para los que no quieran esperar tanto, el consumo de productos bio parece la única opción posible.

• Rechazo de la OGM

La posición de los profesionales de la agricultura biológica siempre ha sido muy clara: rechazan la utilización de OGM (Organismos Genéticamente Modificados) o derivados de los OGM, y todo ello de manera oficial desde el 24 de agosto de 1999. Si bien la inocuidad de los OGM parece demostrada a corto plazo, los científicos reconocen tener pocos datos para conocer los efectos concretos de los alimentos transgénicos a largo plazo. Se sospechan muchos riesgos: aparición de sustancias tóxicas en las plantas modificadas, aumento de la resistencia a los antibióticos y riesgos de alergias nuevas.

• Valor nutricional

Más allá de la ausencia de contaminantes que los caracteriza, los artículos bio son cada vez más analizados (y alabados) para averiguar su contenido en micronutrientes (vitaminas, sales minerales, antioxidantes...). Con el paso de los años, los resultados parecen menos contradictorios y se decantan más a favor de la calidad nutritiva superior de los productos bio. Así, un estudio hecho por la AFSSA (Agencia Francesa para la Seguridad Sanitaria de los Alimentos)* indica que los productos bio presentan, generalmente, contenidos superiores en materias secas: a igual peso, el producto bio contiene menos agua y es, por lo tanto, más denso en determinados elementos nutritivos. Un análisis llevado en patatas, tomates, melocotones, manzanas, lechugas, repollos, espinacas, etcétera, concluyó que las versiones bio contení-

....

*«Evaluación nutricional y sanitaria de los alimentos que provienen de la agricultura ecológica», julio de 2003.

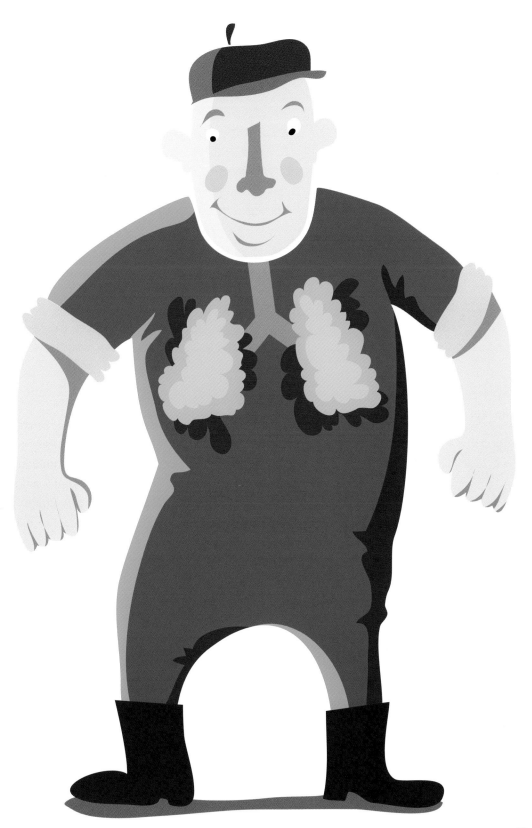

an tasas superiores de vitamina C, de hierro y polifenoles (antioxidantes).

Otros estudios similares llegan a las mismas conclusiones en Francia (estudio ABARAC de Montpellier), en Europa (Quality Low Imput Food Project) y en Estados Unidos: se encuentran un 40% más de antioxidantes en frutas y verduras bio cuando se compraran con la verdura y la fruta procedente de la agricultura convencional, de 2 a 3 veces más de vitamina C en ciertas frutas y tasas más elevadas de ácidos grasos esenciales (omega-3) en huevos, pollo y quesos bio.

Los próximos años nos permitirán, sin duda alguna, conocer mejor la calidad nutricional de los productos ecológicos.

Por el momento, si la **«actitud bio»** te tienta, los próximos capítulos te guiarán en tus compras, en las comidas de cada día y en la forma de concebir tus menús. Hay que tener claro, sin embargo, que toda evolución requiere de un poco de tiempo, de modo que lo más conveniente es ir introduciendo unos cuantos productos bio en la vida cotidiana para ir aumentando su número progresivamente. ¡Debemos aprender a conocer y descubrir su fabuloso potencial gustativo y nutritivo!

El ABECÉ
del bio

→ **Verifica siempre** que el producto que quieres comprar lleva el sello de uno de los organismos certificadores oficiales.

→ **¡Desconfía de los falsos amigos!** Hoy en día, en que lo bio está de moda, el «*marketing* verde» ha invadido las estanterías de los supermercados. Expresiones tales como «producto natural», «producto de granja», «hecho a base de plantas» o «elaboración tradicional» no significan que el producto sea ecológico ni que haya sido fabricado respetando el medio ambiente.

→ **Jamás olvides** que «bio» significa lo mismo que «eco», de ecología: prioriza los productos de temporada e intenta consumir artículos que hayan sufrido las menos transformaciones posibles (y cuya producción tenga un menor impacto negativo sobre el planeta). ¡No dudes en protestar en los supermercados o en tu tienda habitual si los productos bio que compras llevan más envoltorios de los necesarios!

→ **La actitud bio es una forma de entender el modo de producción de nuestra alimentación** más sano y más duradero para nuestro planeta, para los productores y para los consumidores.

→ **¡Aunque la actitud bio es como un estado de espíritu,** esto no es ninguna secta! Obviamente te será difícil pasar de la noche a la mañana a una vida 100% bio y muchas personas de tu entorno serán reticentes a creerse lo que dices o te criticarán. No te preocupes por ello, la actitud bio es una forma de apreciar mejor lo que comemos y probablemente acabarás seduciendo las papilas gustativas de los más reticentes que te rodeen.

El desayuno bio

EL DESAYUNO: ¡UNA INGESTA FUNDAMENTAL!

El contenido del desayuno varía más bien poco, contrariamente a lo que sucede con otras ingestas de la jornada. Su volumen fluctúa más o menos, dependiendo de nuestro apetito, del tiempo de que dispongamos e incluso de nuestra corpulencia. Sea como sea, un desayuno agradable y equilibrado se articula alrededor de cuatro componentes esenciales: una bebida, un lácteo, un cereal y una fruta.

→ **Una bebida:** para hidratarse tras el ayuno nocturno y poner el tubo digestivo en condiciones favorables para alimentarnos.

→ **Un lácteo:** para aportar calcio a nuestro esqueleto y proteínas útiles para la renovación celular. En el caso de los niños, estos dos elementos nutritivos (calcio y proteínas) favorecen el crecimiento.

→ **Un cereal:** para proporcionar energía a la musculatura y, paralelamente, nutrir el cerebro gracias a los glúcidos (azúcares) lentos que contienen.

→ **Una fruta:** por sus vitaminas y sus minerales, esenciales para el buen funcionamiento del organismo, así como por su contenido en fibras, que sacian y son necesarias para la regulación del tránsito intestinal.

Para completar dichos componentes fundamentales, hay más elementos facultativos que pueden añadirse al desayuno:

→ **Materia grasa:** mantequilla, margarina, aceite, frutos secos...

→ **Productos azucarados:** mermelada, miel, azúcar, cacao en polvo, chocolate...

Con estas cuatro familias de alimentos fundamentales el organismo tendrá la energía ne-

¡No confundamos alimentación sana con «ortodoxia»!

La ortodoxia implica el hecho de doblegarse a un cierto número de reglas alimentarias que se creen incontestables pero que pueden deberse a la pura extrapolación. La verdad es que se considera una neurosis. Aunque es importante intentar equilibrar las comidas, no hay que olvidar nunca que el equilibrio alimenticio se hace para toda la jornada, para varios días e incluso para semanas. Siendo así, hay que intentar estar a la escucha de las solicitudes de nuestro cuerpo y de la sensación de hambre que se tenga, que es lo más importante.

cesaria para activarse desde la mañana, se evitará la sensación de hambre de media mañana iy estaremos menos irritables!

Si uno de los cuatro componentes citados falta en nuestro desayuno, ya sea puntualmente o de manera continuada, no pasa nada. Una pieza de fruta que no se consume por las mañanas puede ser perfectamente consumida después de comer (o a media mañana). También puede ocurrir lo contrario. Por ejemplo, algunas personas acumulan varios alimentos de la misma familia en el curso de una misma ingesta, en el desayuno por ejemplo. Les puede gustar el muesli con leche y un par de tostadas. Lo cierto es que cada individuo funciona a su manera y no sólo regula las comidas de un día, sino las de muchos días. Por fortuna, nuestro organismo tiene la facultad de adaptarse a las carencias y a los excesos de tal o cual categoría de alimentos.

Sea cual sea tu caso concreto, **escucha a tu cuerpo** para estar bien física y anímicamente. Prioriza la calidad de los alimentos y sus sabores, y adapta las cantidades a tus necesidades de cada momento: pequeñas porciones si tienes poco apetito y alimentos saciantes y con una buena densidad nutricional cuando tengas bastante hambre y se presente una mañana larga y movida (deporte en la escuela para los niños, reuniones importantes de trabajo, etcétera). Como siempre, el menú bio se caracteriza por la elección de una mayor cantidad de productos, incluso en la última ingesta del día.

A fin de guiarte en dicha elección y ayudarte a descubrir los sabores de nuevos alimentos, tendremos siempre en cuenta los siguientes factores:

Lo + dietético: las características nutricionales de cada alimento.

Lo + bio: el plus que otorga la versión bio de cada alimento.

Lo + práctico: su modo de prepararse y los trucos.

Lo + agradable: recetas atractivas.

LOS CEREALES

Lo + dietético

Nos abastecen de energía útil para empezar bien la jornada mediante los glúcidos (azúcares), auténtico combustible para nuestro cuerpo y nuestro cerebro. La mayor parte de los cereales del desayuno aporta una cantidad interesante de fibras, útiles para el tránsito intestinal. A menudo, los cereales menos trans-

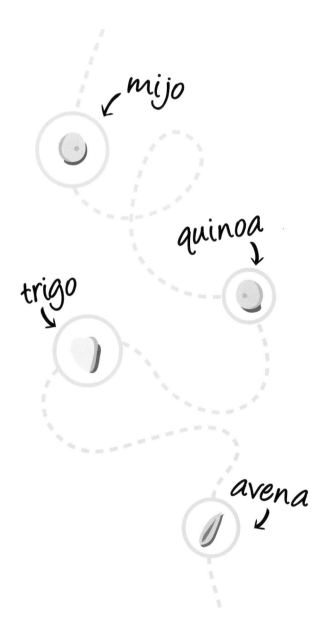

mijo

quinoa

trigo

avena

¿Menos azúcar, más sabor?

La mayoría de los mueslis que se venden en las tiendas tradicionales son demasiado ricos en azúcares refinados. Sin embargo, el mejor muesli, desde la perspectiva dietética, es el que sólo contiene los azúcares naturales, razonablemente enriquecidos a través de los frutos secos ¡Y desde el punto de vista del sabor, también! Quizás dudéis, pero el azúcar en exceso satura las papilas gustativas, lo cual os impedirá apreciar verdaderamente el sabor de todos los alimentos consumidos. El muesli bio no tiene ese problema.

¡Y no olvidemos que podemos completarlo con fruta fresca (que es una forma estupenda de integrar la fruta en el desayuno)!

formados son los más interesantes desde el punto de vista nutricional: copos de trigo, de avena, muesli, etcétera. La mayoría no lleva azúcar añadido y aporta un concentrado de vitaminas, minerales y fibras que dinamizan el organismo y favorecen la sensación de saciedad.

Los cereales inflados contienen azúcares de rápida absorción que llenan menos: sólo convienen a las personas que tienen poca hambre. En cuanto a los cereales más ricos, los bañados en chocolate, miel y demás, sólo deben consumirse de manera ocasional porque su aporte calórico es excesivo (llevan muchos azúcares y grasas).

Lo + bio

Sin duda ya conoces los copos de avena. ¿Por qué no probar entonces con el trigo, el mijo, la quinoa o el amaranto? Existen cereales para todos los gustos, con todas las texturas (más o menos crujientes) y adaptados a todas las sensibilidades digestivas (con o sin gluten).

Todos los cereales de un desayuno bio deben ser integrales o semiintegrales; así, una pequeña porción proporcionará sensación de saciedad. La mayoría de cereales mezclados o mueslis no llevan azúcares añadidos y se endulzan de manera natural mediante frutos secos que se añaden a la mezcla (pasas, orejones...).

Las versiones infladas pueden estar rebozadas. En ese caso, lo mejor es que lleven azúcar moreno, miel o cacao (¡y nunca sirope de glucosa!).

Lo + práctico

En las tiendas especializadas puedes pedir que te preparen tu mezcla de cereales. Al mismo tiempo estarás ahorrando dinero, porque pagarás solamente el precio del producto y no su embalaje...

Lo + agradable

Haz tu propio muesli casero: Corta 4 orejones y 4 higos secos a trocitos pequeños. Mézclalos con 12 nueces picadas. Echa en una sartén 2 cucharadas soperas de copos de quinoa, 2 cucharadas soperas de copos de mijo y 2 cucharadas soperas de copos de trigo y tuéstalos a fuego lento removiendo con dos espátulas de madera. Deja que se enfríen e incorpora los frutos secos picados junto con 2 cucharadas soperas de germen de trigo en copos. Tómalo acompañado de un yogur bífidus (esta mezcla puede conservarse varios días en un recipiente hermético).

EL PAN

Lo + dietético

Opta siempre por panes cuya miga sea densa, panes de estilo rústico, integrales, semiintegrales o multicereales. Sus glúcidos (azúcares) se digieren lentamente y, por tanto, tienen un gran poder saciante. Un pan semiintegral ofrece un plus de fibra, vitaminas del grupo B y magnesio, sin ningún aporte de calorías extra. El pan integral es un tipo de pan aún más completo, menos refinado y en ocasiones un tanto difícil de digerir para intestinos frágiles.

Muchos aditivos nefastos para la salud

Debes saber que los panes industriales (como la *baguette*) llevan más sal y azúcar de lo recomendable. Tomemos como ejemplo una barra de pan integral corriente, de las que compramos en cualquier panadería: su aporte energético por cada 100 g es de 273 kcal y tiene un 10% de proteínas, un 4% de lípidos y un 43% de glúcidos. El almidón representa el 34% del producto acabado y las fibras están presentes en una proporción de 8 g por cada 100. La cantidad de fibra puede parecernos interesante y la tasa proteica también. Pero si consultamos la lista de ingredientes veremos mucha materia grasa de mala calidad (parcialmente hidrogenada como mono y diglicéridos de ácidos grasos) junto con acidulantes, emulgentes, conservantes, dextrosa, etcétera, que acaban por conformar un producto poco equilibrado cuyo apelativo de «integral» es engañoso.

• **El pan bio con levadura natural:** contrariamente al pan elaborado con impulsores químicos, el pan bio fermenta de manera natural con la levadura que destruye el ácido fítico contenido, lo cual favorece una mejor asimilación de los minerales que lleva el pan (particularmente del zinc y el magnesio). Otra ventaja es que el pan hecho con levadura natural se conserva más tiempo y su ligera acidez ralentiza la digestión de los glúcidos (azúcares).

• **El pan a base de harina bio (tipo 80) o harina integral (tipo 150):** estas harinas menos refinadas conservan el salvado (o envoltorio) y el germen del grano de trigo; por ello contienen más almidón (o glúcidos) que una harina blanca refinada y, sobre todo, mucha más fibra, sales minerales y vitaminas. ¡Sin embargo hay que tener mucho cuidado con el pan integral que no es bio porque el salvado (que se conserva siempre en el pan integral) concentra muchos pesticidas!

• **El pan «esenio»:** ¡sin duda alguna el pan más representativo de la alimentación bio! Se elabora a partir de semillas germinadas que se someten a una lenta cocción a temperatura baja. ¡Todo un descubrimiento que te recomiendo!

Lo + práctico

Si estás acostumbrado al pan blanco, tendrás que ir adaptándote poco a poco al sabor y la textura de un pan bio con levadura natural y tu tubo digestivo a unas tasas de fibra mayores. Empieza por habituarte al pan rústico bio y luego sigue con el pan integral, el pan de espelta, etcétera. Una vez habituado, ¡el pan blanco te parecerá bien soso!

Lo + agradable

¿Por qué no montar una minipanadería en casa? No hay nada más sencillo si cuentas con una pequeña panificadora: vierte 300 ml de agua, 2 cucharadas soperas de aceite de oliva, 225 g de harina T65, 1 cucharadita de azúcar moreno de caña, 1 cucharadita de sal fina gris, 300 g de harina T80 y 10 g de levadura de trigo bio. Programa la panificadora... y cuenta unas 4 horas, olvidándote del pan hasta el momento de comértelo.

LAS BEBIDAS

Para hidratarse por la mañana algunas personas se toman un vaso de agua. Muchas mujeres añaden un poco de zumo de limón (reputado por tonificar los intestinos y aclarar el tono). Otras personas no pueden pasar sin su café, más o menos fuerte, más o menos cargado de cafeína. El café bio 100% arábica, de sabor equivalente, tiene una dosis menos elevada de cafeína para la misma cantidad de café que el normal. También hay sucedáneos del café, como los granulados de cereales, con un ligero sabor a moca, que nos dan tono sin ponernos nerviosos. Sea como sea, la bebida bio por naturaleza es, incontestablemente, el té. Mejor dicho ¡los tés! Puedes hacer una pequeña incursión en el universo del té para conocerlos mejor y aprovechar todos sus beneficios...

Hay una leyenda urbana que cuenta que cuanto más se deja el té en infusión, más teína tiene. Pero lo cierto es que cuanto más se deja el té en infusión, más taninos libera (que son los responsables de cierto sabor amargo). Dichos taninos inhiben el efecto de la teína, de manera que, contrariamente a lo que se dice, cuanto más tiempo de infusión se deje, menos nerviosos nos pondremos.

El té, elixir de salud

A título informativo, una taza de 200 ml de té lleva una media de 200 mg de flavonoides. Para conseguir entre 150 y 300 mg de flavonoides, hay que consumir cinco piezas de fruta o verdura. (Fuente: *Vidal de la nutrition*).

El té verde tiene un contenido más elevado en catequinas (antioxidantes muy potentes que actúan sobre las grasas corporales) que el té negro. ¡Además de ayudar a adelgazar, beber té verde durante la comida o tras esta impide la acumulación de las grasas presentes en el menú!
El té verde también tiene la ventaja de aportar vitamina C, la cual no se encuentra en el té negro.

Lo + dietético

Cualquiera de las variedades de té que escojamos no tendrá calorías. En contrapartida, el té se compone de más de 500 moléculas, la más común de las cuales es la teína: se trata de la misma sustancia que la cafeína pero, a un volumen igual, una taza de té contiene **menos cafeína** que una de café.

Paralelamente, el té contiene **teanina,** un aminoácido específico del té que tiene un efecto relajante. Así pues, beber té estimula el organismo de manera natural sin el efecto excitante gracias a la unión de ambas moléculas.

En el té también están presentes los **taninos,** pigmentos naturales que le dan su color y amargor específicos.

También podemos encontrar **sales minerales,** como el flúor, el potasio, el calcio, el magnesio, el zinc, el manganeso..., pero sin nada de sodio (el té es muy conveniente en las dietas sin sal).

Lo que realmente distingue al té del resto de bebidas es su elevado contenido en flavonoides, preciosos antioxidantes que juegan un papel protector favorable para nuestra salud (previniendo el cáncer, enfermedades cardiovasculares, etcétera).

Lo + bio

Como todas las plantas que provienen de la agricultura ecológica, el té bio se cultiva sin agentes químicos ni pesticidas. Sabiendo que las hojas de té –tanto si son bio como si son tradicionales– no se lavan en ningún momento del proceso de fabricación, la infusión de hojas de té bio se halla completamente desprovista de cualquier residuo nocivo. Otra bondad del té bio es su concentración superior en micronutrientes (vitaminas y sales minerales) en comparación con su equivalente tradicional, tal y como lo ha verificado científicamente el estudio ABARAC (2000), dirigido por el Centro Regional de Lucha contra el Cáncer y el Inserm de Montpellier.

Para los tés aromatizados certificados como bio sólo se autorizan los aromas naturales: debes priorizar las etiquetas en que se lea «aroma natural a...» a las que digan «aroma natural con sabor a...».

Lo + práctico

• **Beber de 3 a 4 tazas de té al día** (300-400 ml) parece ideal para beneficiarse de todas las propiedades de esta bebida.

• **Prefiere el té sin azúcar,** porque así estará libre de calorías. Evitarás, así mismo, una subida de glucemia (tasa de azúcar en sangre) si lo bebes por la tarde, porque el aumento de la glucosa suele desencadenar una cierta sensación de hambre...

• **Deja la infusión por lo menos tres minutos** para que los principios activos del té pasen a la misma: ¡el 80% de los flavonoides se liberan en menos de 4 minutos! Ten paciencia: la mayoría de la gente no espera ni 3 minutos para beberse el té.

• **Cuando haya pasado el tiempo de infusión** no tardes en bebértelo, de lo contrario los antioxidantes se quedarán en el fondo de la taza (posos marrones) y eso es una pena.

LOS PRODUCTOS LÁCTEOS

Los diferentes tipos de leche, los yogures o los quesos se cuelan fácilmente en un desayuno variado. La leche sola o con chocolate puede constituir una bebida ideal para el desayuno o servir para completar un bol de cereales. Un yogur o un trozo de queso fresco pueden tomarse solos o aliñar una ensalada de fruta.

Lo + dietético

Todos los productos lácteos son interesantes porque aportan una buena dosis de calcio a nuestro organismo.

Dicha sal mineral juega un papel primordial en el crecimiento de los huesos desde el nacimiento y durante toda la etapa de crecimiento. En la edad adulta, mantiene el capital de calcio y previene la descalcificación (osteoporosis).

• **La leche:** ya sea entera, descremada o semidescremada, su tasa de calcio es la misma. El desnatado elimina la parte grasa y las calorías que lleva, pero sin perder el calcio. Escogiendo una leche semidescremada estarás en un buen punto intermedio: tiene la mitad de grasas que la leche entera sin el sabor soso de la leche descremada.

Algunas personas tienen problemas para digerir la leche de origen animal. Generalmente, la culpable es de sobras conocida: se trata de la lactosa, el azúcar natural de la leche. En ese caso, lo más recomendable es abstenerse de beber leche y consumir otros productos lácteos que contengan menos lactosa, como los yogures o el queso. Hay muchos casos en los que la intolerancia a la lactosa es tan fuerte que tampoco pueden consumirse estos derivados; en ese caso pueden tomarse leches vegetales y sus derivados. Las bebidas a base de soja son la alternativa más corriente (véase cuadro página 35).

• **El queso fresco:** el equilibrio entre sabor/nutrición también está presente en las versiones semidescremadas de los quesos, que contienen el 20% de materia grasa o bien 3 g de lípidos por cada 10 g de queso (según el tipo de etiquetado).

• **Los yogures y el bífidus:** el yogur clásico es leche fermentada mediante dos tipos de fermentos específicos (*Lactobacillus bulgaricus* y *Streptoccocus thermophilus*), pero coexiste en las estanterías del supermercado con una nueva versión de leches fermentadas mediante «bífidus» (bífido-bacterias). Estas bacterias beneficiosas, también denominadas «probióticas», han sido definidas por la OMS (Organización Mundial de la Salud) como «microorganismos vivos que, ingeridos en cantidad suficiente, producen efectos benéficos para la salud de quien los consume». Juegan un papel defensivo en el organismo, en la flora intestinal: favorecen la relajación intestinal postdigestiva, previe-

¿Qué hay de los yogures bio con frutas, con sabores o *light*?

Los yogures y otros lácteos bio pueden llevar trocitos de frutas ecológicas y/o aromas naturales (que nada tienen que ver con los sabores químicos estandarizados). Las versiones *light* están elaboradas con leche descremada y sin edulcorantes sintéticos (como el aspartame, por ejemplo). La calidad de su sabor es satisfactoria y en cuanto al aporte calórico, todo depende de la receta de cada marca. Pueden consumirse alternados con lácteos naturales, pero de forma ocasional. Y si los lácteos naturales te parecen un tanto ácidos, puedes añadirles una cucharadita de miel o de sirope de arce bio.

nen problemas digestivos diversos (estreñimiento, dolor abdominal, diarreas...) y activan nuestro sistema inmunitario intestinal (formando una barrera contra las bacterias patógenas). Este tipo de lácteos están, pues, altamente recomendados.

Lo + bio

La alimentación de las vacas lecheras y su calidad de vida garantizan una producción de alta calidad. Alimentadas con forrajes ecológicos (los cuales deben ser cultivados en la granja por lo menos en un 50%) y pasando el mayor tiempo posible paseando por los prados, las vacas gozan de mejor salud y se evita el tratamiento con antibióticos (la homeopatía es una alternativa útil en algunas patologías). De este modo, la leche no se ve contaminada por pesticidas, contie-

ne niveles de grasas de calidad mayores que la leche estandarizada (68% más de omega-3, según un estudio reciente de investigadores británicos). Esta leche sirve también para hacer todo tipo de productos lácteos bio.

Lo + práctico

En la tienda, opta por una leche semidescremada bio, un buen bote de queso fresco con el 20% de materia grasa (así evitarás acumular un montón de tarritos en la basura de envases de plástico o de vidrio), un lote de yogures naturales normales o bífidus y algunos yogures de sabores o con trocitos de fruta, semidescremados si es posible (lee bien las etiquetas).

Lo + agradable

Para premiar a toda la familia diariamente, nada mejor que unos buenos yogures caseros. Puedes añadir a la receta básica unos trozos de fruta de temporada o una salsita ligeramente azucarada con miel o con especias...

Para 8 yogures: pela una manzana y córtala a trocitos. Colócala en una cacerola con 1 cucharadita de miel y un poco de agua. Deja que se haga una compota a fuego lento y luego resérvala hasta que se enfríe. Mezcla un yogur natural, entero, con la compota en un bol. Añade 80 cl de leche entera y 1 cucharadita de canela en polvo. Mezcla bien con una cuchara de madera y reparte la mezcla en los tarritos de la yogurtera.

• Las «leches vegetales»: se extraen de cereales o de semillas oleaginosas como la soja, el arroz, las almendras, la avena, las castañas, etcétera.

Se usan como la leche, pero en realidad son zumos, ya que sólo la leche que proviene de un animal mamífero tiene derecho a llevar ese nombre en sentido estricto. Normalmente, en el envase aparecerá algo parecido a «bebida a base de soja» (o de lo que sea). Todas estas bebidas son deliciosas, ofrecen una gran

¿Y la leche de soja?

Su origen vegetal impide que sea verdaderamente una leche. En realidad es un zumo que no tiene las mismas características nutricionales: por ejemplo, tiene poco calcio. Sin embargo, contiene muchas proteínas vegetales y sus cualidades digestivas hacen de ella una buena alternativa a la leche animal siempre que se escoja una variedad enriquecida con calcio para suplir esta carencia.

variedad de sabores y presentan cualidades nutricionales muy interesantes: ausencia de colesterol y tasas de lípidos comparables a las de la leche semidescremada, aporte calórico muy bajo, buenas tasas de fibra y ausencia de lactosa, que las hace la mar de digestivas. Por el contrario, como no suelen llevar calcio, no pueden considerarse sustitutas ideales de la leche de vaca, sino **nuevos productos por descubrir...** Puedes incluirlas en todas tus recetas, tanto en las dulces como en las saladas, como si fueran leche de vaca, según las características de cada una. Por ejemplo, usa leche de soja con sabor a vainilla para la pasta de las creps, leche de almendras para un pastel, leche de avena para una salsa salada, leche de avellanas para un flan de verdura... Tus platos ganarán en cremosidad y serán más ligeros porque resultarán más digestivos y nutritivos.

LA FRUTA

Lo + dietético

A menudo la fruta brilla por su ausencia durante el desayuno. Sin embargo, es una excelente fuente de vitaminas. La fruta tiene un 15% de glúcidos (azúcares) de media, lo cual nos permite empezar bien el día. Además, contiene fibras útiles que ponen un funcionamiento nuestro tubo digestivo, favoreciendo el tránsito intestinal. La asociación glúcidos-fibras, característica de la fruta, permite asimilarla muy suavemente sin subidas repentinas del azúcar en sangre. De ese modo, al contrario de lo que normalmente se piensa, **la fruta se comporta como un azúcar lento.** Por el contrario, el zumo de fruta, sea exprimido en casa o comprado en la tienda (un zumo 100%) ¡convierte sus azúcares en rápidos porque la fibra se queda en el exprimidor! Además, un zumo de fruta sacia mucho menos que la pieza de fruta entera. Si eres de esas personas que no tienen mucho apetito por las mañanas, hazte un *smoothie*, es decir, un batido de yogur o de leche con un par de frutas.

La fruta fresca contiene también cantidades formidables de micronutrientes (vitaminas, sales minerales, oligoelementos y antioxidantes) que optimizan el funcionamiento del organismo luchando contra el desarrollo de patologías tales como el cáncer, las enfermedades cardiovasculares...

Lo + bio

Los riesgos de contaminación por pesticidas son casi nulos en el caso de la fruta bio (y decimos «casi» porque el nulo absoluto no existe). Sin embargo, no puede decirse lo mismo de la fruta y verdura frescas tradicionales que se venden en Europa. El 5% sobrepasan los límites máximos de residuos permitidos (LMR) fijados por la Unión Europea* (a modo de información, fresas y manzanas encabezan la clasificación).

....

*Según el informe de la Dirección General de Salud Pública y Protección del Consumidor de la Unión Europea.

Frutas y verduras más contaminadas (conviene por tanto comprarlas siempre bio)	Frutas y verduras menos contaminadas por ello su origen no importa tanto)
Manzana	Plátano
Pera	Naranja
Melocotón	Mandarina
Nectarina	Piña
Fresa	Pomelo
Cereza	Melón
Frambuesa	Sandía
Uva	Ciruela
	Kiwi
	Arándano
	Mango
	Papaya
Pimiento	Brócoli
Apio	Coliflor
Judía verde	Col
Patata	Champiñón
Espinaca	Espárrago
Lechuga	Tomate
Pepino	Cebolla
Calabaza	Berenjena
	Guisante
	Rábano
	Aguacate

Esta tabla muestra las frutas y verduras más contaminadas por pesticidas y las que lo están menos. Pero cuidado, ¡más vale comer fruta y verdura con trazas de pesticidas que no comerlas en absoluto! En efecto, sus beneficios y el papel que juegan sus compuestos fitoquímicos en la prevención de ciertas enfermedades son superiores a los peligros que pueden representar los pesticidas*.

Lo + práctico

• Por la mañana, apuesta por la **fruta fresca cruda** si quieres aprovechar todo su potencial saludable. En efecto, la mayor parte de las vitaminas, sales minerales y antioxidantes que contienen son sensibles a la cocción y al calor en general, al aire y a la luz. No guardes la fruta demasiado tiempo; y si lo has de hacer que sea en la nevera.

• Como cada fruta presenta una composición diferente, no dudes en **variar el tipo de fruta** de un día para otro o bien mézclalas en una ensalada de fruta.

• **Lava bien** la fruta fresca que te vayas a comer, pero no la peles sistemáticamente porque si lo haces estarás tirando a la basura un montón de micronutrientes valiosos.

....

* Fuente: The Environmental Working Group (www.foodnews.org›), citado por David Servan-Schreiber en *Anticancer: prévenir et lutter grâce à nos défenses naturelles*, Éditions Robert Lafont.

¿Cuál es la diferencia entre la fruta fresca y la fruta seca?

La fruta seca (pasas, orejones, ciruelas pasas, dátiles, etcétera) está deshidratada. Al perder el agua que la constituye, disminuye su volumen y condensa sus azúcares: del 40 al 70% de glúcidos frente al 15% de media en la fruta fresca.

Por esta razón, su aporte calórico se dispara enormemente: 170 kcal/100 g en el caso de las ciruelas pasas y 290 kcal/100 g en el caso de los plátanos secos.

¡Pero sus niveles de vitaminas, sales minerales y fibras son cuatro o cinco veces más elevados que en la fruta fresca! Lo malo es que pierden la vitamina C porque se evapora cuando pierden el agua. No te sorprendas por el color amarronado de algunas frutas secas bio (albaricoques, plátanos, peras). Ese aspecto natural indica que no han sido tratadas con azufre, no como los bonitos albaricoques secos, con su color anaranjado.

Mi consejo: come fruta seca regularmente, pero en pequeñas cantidades, para aprovechar rápidamente toda la energía que proporcionan (una cucharada en un lácteo, con muesli o con una ensalada de fruta fresca). →

Atención, no confundas la fruta seca con los frutos secos oleaginosos (cacahuetes, pistachos, nueces...) muy ricos en grasas y pobres en azúcares. Los frutos secos sirven para hacer aceite. Aunque son ricos en calorías, sus lípidos se componen de grasas insaturadas en un 85% como media (es decir, grasas buenas). En pequeñas cantidades, los frutos secos han de tener un lugar en nuestra alimentación. Son una mina de micronutrientes (fibras, sales minerales, vitaminas).

Lo + agradable

Tutti-frutti de fruta fresca y fruta seca: corta 4 orejones y 4 ciruelas pasas* a daditos. Échalos en una ensaladera y añade 20 g de pasas, 1 manzana sin semillas cortada a dados con la piel y todo, 4 cucharadas soperas de frutas rojas (o un meloncito a bolas que, en invierno, puedes sustituir por una pera o medio mango) y 10 cl de zumo de manzana. Mezcla bien y llena 4 boles individuales con este *tutti-frutti*. Por encima puedes decorarlo con una salsa de frutas rojas o un chorrito de miel.

* Ponlos en remojo la noche anterior con agua mineral y por la mañana los escurres.

LOS DULCES

Lo + dietético

Aunque no son indispensables para nuestro equilibrio nutricional, el azúcar y los productos azucarados (confituras, miel, etcétera) pueden tener un pequeño lugar en nuestra comida matutina. Usualmente forman parte de las bebidas, de los lácteos o sirven para untarse en las tostadas. Pueden integrarse, también, en recetas más elaboradas, como en las creps o el pan de especias.

Lo + bio

Los productos azucarados ecológicos tienen más sabor y son menos calóricos (230 a 300 kcal/100 g contra 400 kcal/100 g del azúcar blanco), y tienen un poder edulcorante mayor al del azúcar blanco: una pequeña cantidad basta para endulzar cualquier cosa.

• En lo que a edulcorantes en polvo se refiere, prioriza el **azúcar moreno de caña**, más sano y rico en sales minerales y oligoelementos que el azúcar refinado. Así mismo, es rico en magnesio (100 a 180 mg/100 g contra 0 en el azúcar refinado), en potasio, en fósforo, en vitaminas B1, B5, etcétera. Además, como contiene menos sacarosa y más fructosa que el azúcar blanco, su asimilación en sangre es más lenta.

• En cuanto a la **miel,** su composición parece algo increíble, con más de 200 sustancias diferentes, tales como fructosa, aminoácidos, encimas, potasio, vitaminas del grupo B... Aún no se han acabado de investigar todas sus potencialidades, pero muchos estudios actuales se dedican a descubrir los beneficios de los productos derivados de la apicultura para la salud humana. Por otra parte, la miel también se emplea en cosmética bio gracias a sus numerosas virtudes. Un truco fácil de recordar: icuanto más oscura es una miel, más minerales contiene!

• Las **mermeladas y confituras bio** concentran los azúcares naturales de las frutas empleadas en su elaboración, a los cuales se añaden los añadidos como el azúcar moreno de caña o zumos concentrados de manzana o de uva. Las mermeladas contienen menos azúcar añadido (500 g por kg de fruta), con lo cual se reduce el aporte calórico global de manera notable. Por eso se conservan menos tiempo que una confitura tradicional.

• Los **siropes naturales** (de arce, de agave, de arroz...), desde el más rubio al marrón oscuro, son deliciosos azúcares líquidos que resaltarán tus platos. El sirope de arroz contiene más cantidad de glucosa y maltosa, mientras que los siropes de agave (que proviene de cactus) y de arce (que proviene de dicho árbol) se componen fundamentalmente de fructosa, azúcares que se asimilan lentamente. El único que no soporta temperaturas altas es el sirope de agave y por ello conviene incorporarlo en el último momento, justo antes de servir.

Con esta diversidad de productos, tienes donde escoger para endulzar tus desayunos... iPero siempre con moderación!

¿Qué es el «mascovado»?

Es un azúcar sin refinar que se obtiene de la caña de azúcar de las islas Mauricio. Se trata de un azúcar de caña roja rica en melaza, espectacular gracias a su sabor a regaliz. Perfuma maravillosamente los postres, los cócteles y las bebidas calientes.

¡Cuidado con los impostores!

No te fíes de la simple denominación «azúcar de caña» (aunque sea rubio o marrón oscuro) si no tiene el logo bio: ¡puede tratarse de un azúcar blanco vulgar y corriente con caramelo o melaza añadidos!

Lo + práctico

Para evitar que el azúcar integral se apelmace, consérvalo en un tarro hermético y ciérralo bien después de cada uso. La miel, las mermeladas y los siropes naturales, deben conservarse en la nevera una vez abiertos: una sola semana para el puré de frutas natural y dos meses para las mermeladas y los siropes.

Lo + agradable

Para 1 tarro de mermelada de albaricoques con almendras: pon 300 g de albaricoques frescos deshuesados en una olla. Añade 150 g de azúcar moreno de caña, 15 g de almendras fileteadas y el zumo de 1/2 limón. Llévalo a ebullición y después baja el fuego para dejar que se vaya cociendo lentamente durante al menos 20 minutos. Remueve suavemente con una cuchara de madera sin romper las almendras. Comprueba la cocción: cuando sumerjas y saques la cuchara, la mermelada debe quedarse pegada a la misma. Coloca la mermelada en un tarro de cristal previamente pasado por agua hirviendo (con la tapa y todo) y cierra este herméticamente. Dale la vuelta al tarro y déjalo en esta posición hasta que la mermelada se enfríe por completo (cosa que llevará unos 10 minutos, más o menos). Vuelve a poner el tarro derecho y guárdalo en la nevera. Se conservará así una semana.

LAS MATERIAS GRASAS

Lo + dietético

Las materias grasas, como su nombre indica, contienen grasas o lípidos que nos proporcionan mucha energía con poca cantidad: 9 calorías por gramo de lípido. Eso son dos veces más que los glúcidos (o azúcares) y que las proteínas, que no llegan a 4 calorías por gramo. Su consumo, por lo tanto, debe moderarse mucho, pues de lo contrario la factura calórica aumenta espectacularmente.

En un desayuno bio, el incluir un poco de materia grasa puede corresponder al consumo de mantequilla, de margarina vegetal, de aceite o incluso de frutos secos (puré de almendras, de avellanas...). En todas estas formas, la grasa suele untarse en tostadas y nos procura un suplemento de sabor.

¿Todos los frutos secos son buenos para la salud?

• Los cacahuetes: algunas personas son alérgicas a la aráquida, un alérgeno que puede ser mortal. En ese caso, la manteca de cacahuete también debe ser evitada a toda costa. Y aunque no se sea alérgico, mucho cuidado con dar muchos cacahuetes a los niños. Por otra parte, los cacahuetes contienen un poderoso antioxidante llamado resveratrol que se encuentra también en la uva y, por tanto, en el vino, y que ha sido muy estudiado en los últimos tiempos.

• La nuez de coco: a pesar de ser de origen vegetal, contiene grasas saturadas como las que pertenecen a alimentos de origen animal (carnes, quesos...). En el plano nutricional, se trata del oleaginoso menos interesante.

• Las semillas de lino: son, sin duda alguna, los oleaginosos más interesantes. Son los que contienen la mayor tasa de omega-3 (ácidos grasos esenciales): más de 18 g/100 g (¡con una relación entre omega-6 y omega-3 de 0,24!). Además, contienen fitoestrógenos, que son muy beneficiosos en la prevención del cáncer de mama.

En un desayuno bio, incluir un poco de materia grasa puede consistir, simplemente, en el uso de mantequilla o margarina vegetal, o en tomar puré oleaginosos (puré de almendras, de avellanas, etcétera). En todas estas formas, la grasa se unta en rebanadas de pan y lo convierte en una delicia esponjosa y suave.

• La mantequilla: contiene un 82% de MG (materia grasa), principalmente grasas animales o ácidos grasos saturados que favorecen los depósitos de colesterol en las arterias. A pesar de eso, las personas que no tengan problemas de colesterol pueden ponerse una bolita en una tostada y aprovechar así su contenido en vitamina A.

• La margarina vegetal «no hidrogenada»: contiene tanta materia grasa como la mantequilla, pero en este caso se trata de grasas vegetales porque se fabrica a base de aceites vegetales. Así, contiene ácidos grasos insaturados, es decir, favorables para nuestra salud cardiovascular. Una margarina de calidad debe elaborarse a partir de aceites bien equilibrados en términos de ácidos grasos esenciales (omega-3 y omega-6, con una correcta relación entre ellos, inferior a 5), grasas insaturadas que el cuerpo no puede fabricar. Es el caso de las margarinas hechas a base de aceite de oliva, algunas de las cuales, sin ser bio, están bien equilibradas.

• Los purés de frutos secos: los oleaginosos como aceitunas, pipas de girasol, pipas de calabaza, nueces (de macadamia, de pecán, de coco, etcétera), almendras o avellanas, sirven para la elaboración de aceites dado su gran contenido en lípidos (o grasas), a menudo superior al 50% (de ahí su nombre). También presentan niveles interesantes de proteínas vegetales, pero particularmente una buena dosis de fibra, de vitaminas (A, B, D y E) y una gran riqueza en sales minerales (calcio, magnesio, hierro, cobre, etcétera). Pueden transformarse en purés untables,

¿Qué significa «margarina no hidrogenada»?

En el curso del proceso de fabricación denominado «hidrogenación», el aceite se convierte en una grasa sólida (cuya textura permitirá que luego podamos «untarlo» en pan). Desgraciadamente, sus ácidos grasos insaturados (benéficos) se transforman en ácidos grasos saturados durante este proceso, nefastos para nuestra salud cardiovascular. Para fabricar una margarina no hidrogenada se emplea otro método de solidificación que preserva los ácidos grasos buenos, de origen vegetal, y en ese caso se indica claramente mediante el etiquetado «AG trans<1»

muy sabrosos y digestivos: puré de avellanas, puré de almendras, puré de nueces...

Lo + bio

Las vacas criadas en pasturas comen hierba grasa, especialmente rica en ácidos grasos omega-3 que luego se encuentran concentrados en su leche y, en consecuencia, en todos sus derivados, como la mantequilla bio. No es el caso, sin embargo, de las vacas alimentadas con trigo, soja o maíz.

Lo + práctico

• **Los frutos secos pelados** son muy frágiles y corren el riesgo de oxidarse si no se guardan al abrigo de la luz, del aire y de la humedad. Consérvalos en tarros herméticamente cerrados dentro de un armario oscuro y seco. Cómpralos en pequeñas cantidades. Los purés oleaginosos deberán guardarse en la nevera una vez abiertos y habrá que consumirlos en los dos meses posteriores a su apertura.

• Atención: **una confitura o una «pasta untable»** suelen ser purés oleaginosos azucarados (normalmente con azúcar de caña o azúcar moreno). Algunas recetas incluso llevan cacao, leche y demás ingredientes que hacen de ellas unas deliciosas cremas untables (del tipo «leche, cacao, avellanas y azúcar») ¡pero muy calóricas! Deben consumirse con moderación, sobre una rebanada de pan o dentro de creps.

Lo + agradable

Algunos purés y cremas oleaginosos son más convenientes que otros para los desayunos, como el puré de avellanas o el de almendras. Basta con untarlos en una tostada de pan integral bio y poner por encima una fina capa de puré de frutas natural, sin azúcar añadido. Con los purés oleaginosos puedes hacer tu propia leche vegetal casera: mezcla 2 cucharaditas del puré que prefieras (avellanas, almendras, nueces...) con 250 ml de agua fría, caliéntalo a fuego lento, bate con unas varillas mientras se va calentando, ¡y ya está!

¿Cómo evitar que nos salgan granitos y pupas cuando comemos nueces (u otros frutos secos)?

Prueba la pregerminación: la víspera, coloca los frutos secos en un recipiente de cristal o de porcelana y cúbrelos con agua mineral. Tira el agua a la mañana siguiente, antes de comértelos. Esta etapa de remojo previo inicia la germinación y hace los frutos secos más digestivos y frescos.

Comidas
y cenas bio

LA COMPOSICIÓN DE LAS COMIDAS BIO

Las recomendaciones nutricionales insisten en una buena repartición de las calorías entre las tres ingestas principales. Y, según la literatura científica, el desayuno debería ser la comida más copiosa de la jornada, mientras que la cena debería ser un pequeño complemento energético. Esta teoría, ideal en principio, no puede ser aplicada por todo el mundo en su vida cotidiana, desgraciadamente, teniendo en cuenta el estilo de vida actual.

En la medida de lo posible, en lugar de contar las calorías o las porciones de tal o cual categoría de alimentos en el plato, deberíamos centrarnos en la **variedad y calidad** de los ingredientes y en su modo de preparación.

Incluye en tus platos familias de alimentos que aporten elementos nutritivos diferentes y complementarios. Estos transmitirán a tu cuerpo toda la vitalidad que necesita y te permitirán sentirte bien y mantenerte en forma. ¡No te pases el día contando cantidades y calorías de manera obsesiva!

Compón tus menús con:

→ **Verduras de color verde y fruta fresca:** por sus fibras, que regulan el tránsito intestinal, y por sus vitaminas, sus sales minerales y sus oligoelementos, tan útiles para mantener un buen estado de salud.

→ **Cereales, féculas y/o pan no refinados:** por sus glúcidos, que abastecen al cuerpo de energía para los músculos y el cerebro, calmando la sensación de hambre, y además por su fibra, sus sales minerales y su vitamina B.

→ **Carne, pescado (frutos del mar en general) y huevos:** por su aporte en proteínas de

¿Cuál es la diferencia entre alimentación bio y alimentación vegetariana?

La alimentación bio modera la cantidad de carne y de pescado consumido, priorizando el consumo de vegetales (fruta, verdura, cereales, legumbres y demás), pero no los excluye. Mientras que la dieta vegetariana excluye completamente cualquier producto de origen animal, ya sea carne, pescado o crustáceos (los veganos, además, excluyen los productos derivados de cualquier animal, tales como la leche, el queso, los huevos...). Los vegetarianos y los veganos procuran consumir productos bio, pero no es necesario ser vegetariano para llevar una alimentación bio.

origen animal que nos aseguran la construcción y la renovación celular, así como por su hierro y su vitamina B12.

→ **Lácteos y quesos:** por el aporte de calcio indispensable para el buen estado del esqueleto y por sus proteínas animales, necesarias para el crecimiento y el mantenimiento de la masa muscular.

Y no nos olvidemos de añadir **un poco de materia grasa:** por sus lípidos (grasas) que son una fuente de energía, algunas de las cuales son «esenciales» (tales como el omega-3) para la salud cardiovascular y para el funcionamiento neuronal, así como por sus vitaminas A y E.

Sé flexible:

• **Toda una familia de alimentos:** Se puede utilizar en pequeñas cantidades rallado (en una ensalada, por ejemplo). No te obligues a comer un trozo grande de queso sin que te apetezca sólo para equilibrar tu comida a la perfección.

• **En la familia de «verdura verde y fruta»,** sería deseable introducir siempre y a la vez una verdura verde y una fruta en la comida. Si no puedes, recuerda que una sola pieza de fruta o un solo trozo de verdura verde son mejor que ninguno de ellos.

• **No pretendas estructurar forzosamente tus menús** en función del típico «primer plato-segundo plato-postre». ¡No hay ninguna obligación de comer así! Claro que tampoco hay que caer en el error contrario: todo en un solo plato. La verdad es que confeccionar un plato único sabroso y completo es mucho más difícil de lo que parece. Adapta la fórmula según las circunstancias, el lugar donde vayas a comer, la estación del año y el hambre que tengas en el momento de hacerlo: un día puede convenir una ensalada completa seguida de fruta, otro día será mejor un primer plato caliente y contundente seguido de un poco de queso fresco...

• **Si tu menú no contiene todos los elementos** citados más arriba, no se producirá ninguna catástrofe. ¡No pasa nada! Recuerda que el equilibrio alimenticio es más una cuestión que abarca todas las ingestas de la jornada, y las de varios días, que de cada menú. Sólo las ausencias o los excesos repetidos de algunos alimentos provocan el riesgo de llevar a desequilibrios o carencias de ciertas sustancias vitales (grasas buenas, vitaminas, oligoelementos, etcétera).

• Por el contrario, **la supresión radical de una categoría de alimentos** en todas las ingestas representará un grave problema de descompensación. Así, la total ausencia de carne y pescado (o peor, de todo producto de origen animal, incluidos la leche y los huevos) impide el aporte de proteínas animales, de hierro y de vitamina B12, carencias que difícilmente compensan las proteínas vegetales.

Un menú bio se distingue siempre por una **selección muy variada de ingredientes,** especialmente en el capítulo de la verdura. Gracias a la biodiversidad, cada verdura suele presentar diferentes variedades, algunas olvidadas. Los antiguos cereales, caídos en desuso antes de ser redescubiertos, o los alimentos exóticos (propios de otras tradiciones culinarias, como la quinoa) amplían considerablemente las posibilidades de nuestros menús. Otro aspecto menos conocido del bio se refiere al tratamiento muy respetuoso de los alimentos, al prepararlos. Esto permite preservar el sabor original de estos y sus cualidades nutritivas (la vitalidad de los alimentos). Para resaltar estos aspectos, los condimentos y aliños, múltiples en la cocina bio e inspirados en nuestras tradiciones o en otras culturas, juegan un papel de vital importancia. Paralelamente, las formas de preparación y las cocciones suaves que economizan energía completan la actitud bio en la cocina.

¿Se puede comer bio sin gastar mucho dinero?

No nos engañemos: los productos bio son un poco más caros (una media del 30% más). Así, para evitar arruinarse, hay que prestar atención al contenido general de nuestros platos. Reduciendo la cantidad de alimentos de origen animal (carnes, embutidos, quesos) y aumentando la cantidad de verduras (verduras de hoja verde, frutas, legumbres, cereales integrales) no sólo mejorarás tu equilibrio nutricional sino que mejorarás el estado de tu bolsillo. La actitud bio también tiene que ver con el respeto por las estaciones del año y los productos propios de cada temporada, con la compra de productos propios de la zona en la que vives y con la compra de productos a granel (cereales, legumbres) que reducirán considerablemente los costos. Otro argumento en favor del bio: los alimentos ecológicos tienen mayor densidad nutricional (porque contienen menos agua) a igual peso, nutriendo más, ¡con lo cual comemos menos cantidad!

¿Por qué comer poca carne nos permite proteger más el entorno?

• **Primera razón, el agua:** los animales se alimentan de cereales, cuyo cultivo requiere de grandes volúmenes de agua (como pasa con el maíz). Se estima que se necesita una tonelada de agua para producir un kg de cereal de ese tipo, lo que significa ¡de 15 a 18 toneladas de agua para producir un kg de ternera!

• **Segunda razón, el combustible:** desde su lugar de crianza hasta el mostrador de la carnicería, un kg de carne necesita de grandes cantidades de energía que, llevadas a su equivalente en gasolina equivalen a un trayecto de 220 km (¡y eso sin contar su transporte!). →

CARNES, AVES, JAMÓN Y HUEVOS

En las comidas bio, esta categoría de alimentos no ocupa un lugar central ni relevante. Como mucho representa uno de los ingredientes de un plato principal.

Lo + dietético

Estos alimentos son ricos en **proteínas de origen animal** de buena calidad porque contienen aminoácidos indispensables que el organismo humano no puede fabricar. El papel de las proteínas es el de construir y mantener las células del cuerpo a lo largo de toda nuestra vida; y también tienen la capacidad de hacer que nos sintamos saciados con poca densidad calórica (1 g de proteínas = 4 calorías). Estos alimentos constituyen, por otra parte, una fuente importante de **hierro** (menudillos, cordero, ternera), de **vitamina B12,** de selenio...

Sin embargo, ciertas partes de los animales proporcionan muchos **lípidos** (o grasas) del tipo ácidos grasos saturados, que representan un riesgo potencial para nuestra salud cardiovascular.

Teniendo en cuenta que la mayoría de occidentales consumen cantidades elevadas de alimentos de origen animal cotidianamente, se puede decir que los aportes de proteínas animales (en detrimento absoluto de las proteínas vegetales) y de grasas saturadas son verdaderamente excesivos. Para favorecer un mejor equilibrio nutricional, sería deseable reducir su presencia en la alimentación, sobre todo en lo que a las carnes se refiere (y a sus equivalentes), en favor de la verdura (incluyendo legumbres y féculas).

Este proceso, como podrás constatar, tiene una doble ventaja: nos mantiene en buen estado de salud iy protege el medio ambiente!

Lo + bio

Cuando comemos carne o huevos bio, aprovechamos la calidad de la alimentación que se pone a disposición de los animales criados ecológicamente. Su crianza «verde», al aire libre y en una superficie grande (y no a razón de 25 pollos por metro cuadrado con luz de fluorescente), les permite moverse más: su carne será, en consecuencia, más firme, con una mejor relación entre proteínas y lípidos (más carne y menos grasa, en definitiva). La calidad de las grasas también mejora, consiguiendo mayores niveles de ácidos grasos saludables (como el omega-3) tanto en la carne como en las aves y los huevos.

Lo + práctico

• Contrariamente a una idea muy divulgada, **la carne roja no es más grasa que la carne blanca.** A partir de ahí, ¡no podemos clasificar las carnes en «grasas» o «magras»! Por ejemplo, la ternera presenta partes con más del 20% de lípidos y otras con un 5%. Además, las formas de preparación y la cocción inducen también al aumento de grasas y en este extremo las cosas tampoco son como se suele creer: las costillas de cordero asadas, por ejemplo, resultan más grasas que un estofado de ternera. Siendo así las cosas, ¿cómo podemos escoger bien? No es necesario elimi-

• **Tercera razón, la producción de deshechos:** la ganadería intensiva en pequeñas superficies genera una producción de deshechos cada vez más elevada. Hay que saber que los herbívoros liberan una importante cantidad de gas en el curso de su digestión (hemióxido de nitrógeno, un gas 296 veces más nocivo que el CO_2 para la capa de ozono, y metano, 24 veces más nocivo que el CO_2). ¡La contribución de la ganadería al efecto invernadero es mucho más importante y elevada que la del transporte!

Bleu-Blanc-Coeur (Azul-Blanco-Corazón)

Bleu-Blanc-Coeur es una asociación nacida en el año 2000 tras la constatación del enorme desequilibrio de la alimentación actual: consumimos muchas grasas, y de las malas. Y dicho desequilibrio proviene, en parte, de otro desequilibrio: de la alimentación de los animales que después nos comemos. Militando a favor de la introducción de verduras tradicionales ricas en omega-3 en la alimentación de los animales (y en particular de las semillas de lino, la planta más rica en omega-3), la asociación intenta que la mayor cantidad de gente posible tenga acceso a una alimentación a la vez natural y más equilibrada en omega-3 gracias al consumo de carnes, aves, lácteos y huevos con un mejor perfil nutricional.

nar un animal concreto de la dieta ni ir haciendo selección de partes de cada animal. Basta con alternar un animal a la semana (una semana ternera, otra cerdo, otra cordero...) y variar las formas de prepararlos limitando el añadido de grasas (véase a continuación «Lo + agradable»).

• **Las carnes y las aves etiquetadas como bio** están completamente marginadas en los mostradores de las carnicerías, pollerías y charcuterías. Si no las encuentras de un modo más o menos sencillo, procura comprar las que lleven una etiqueta que garantice su origen y su forma de crianza. Intenta que una carne garantice que ha tenido una alimentación a base de semillas de lino ricas en omega-3 (véase recuadro).

• **Modera el consumo de carne en tus menús:** opta por un solo trozo de unos 100 o 120 g más o menos o reparte la cantidad que tengas en dos platos principales para dos ingestas diferentes.

Lo + agradable

Prioriza las cocciones suaves y cortas para limitar la pérdida de elementos nutritivos y evitar la aparición de sustancias nocivas durante el proceso de cocción (espumas y demás). Puedes hacer trocitos de ternera al wok, solomillo estofado con verduras o pollo con especias...

EL PESCADO, EL MARISCO Y LAS ALGAS

Esta categoría de alimentos representa una estupenda alternativa a las carnes, aves y huevos como ingrediente de los platos principales de las comidas.

Lo + dietético

Constituyen **una buena fuente de proteínas animales de calidad,** aportando los diferentes aminoácidos que nuestro organismo necesita. A igual peso, un file-

Descubre las algas

Si nunca has probado las algas, empieza por comprarlas en forma de copos y úsalas como si fueran hierbas aromáticas. Por ejemplo, la «ensalada de algas» puede usarse en una vinagreta para unas verduritas crudas o para un filete de pescado al vapor... Luego, pasa a probar los tártaros de algas que se venden listos para tomar antes de lanzarte a incorporarlos en recetas más elaboradas (hay libritos de recetas sólo para algas en todas las tiendas bio).

te de pescado (o su equivalente en marisco) contiene tantas proteínas como un filete de carne, es decir, entre el 17 y el 20%. Estos elementos nutritivos juegan un papel fundamental para la **construcción de nuestras células** (de los músculos entre otras) durante la etapa de crecimiento y para la regeneración de las mismas en la edad adulta.

Gracias a su pobreza en lípidos (o grasas), son menos calóricos que la carne, las aves y los huevos: menos del 1% de lípidos en los mariscos y del 1 al 5% en la mayoría de los pescados blancos.

En cuanto al **pescado azul,** grupo del que forman parte las sardinas, los boquerones, el atún, la caballa o los arenques, tiene entre el 10 y el 15% de lípidos. La diferencia está en que dichas **grasas son buenas,** saludables, benéficas para la salud de nuestro organismo. Se trata de ácidos grasos poliinsaturados, también llamados ácidos grasos esenciales, del tipo omega-3. El término «esenciales» significa que el organismo no puede fabricarlos por sí mismo y que sólo puede conseguirlos a través de la alimentación.

Los omega-3 han demostrado sus efectos benéficos y protectores frente a las enfermedades cardiovasculares, actuando contra el exceso de triglicéridos, favoreciendo el flujo sanguíneo y mejorando el ritmo cardíaco. También protegen contra la degeneración de las células nerviosas y luchan efectivamente contra el Alzheimer.

Otra bondad de este grupo de alimentos es su interesante nivel de **vitaminas B12,** que asegura el buen funcionamiento del sistema nervioso y ayuda a luchar contra la anemia.

Pero las estrellas del mar son, sin duda alguna, los mariscos y las algas, que están repletos de sales minerales y oligoelementos. Forman parte de los alimentos mejor provistos de yodo, un nutriente cuya insuficiencia puede provocar hipotiroidismo (generando fatiga y depresión).

También contienen buenas dosis de zinc, selenio, cobre, magnesio..., todo un universo de elementos indispensables para estimular nuestro sistema inmunitario y, en algunos casos, para luchar contra el envejecimiento celular.

En lo relativo a las **vitaminas,** las proporciones varían de un alga a otra y según la estación: vitamina A (en algas nori y dulse), vitamina C (algas pardas) y vitamina B12 (lechuga de mar).

Lo + bio

La piscicultura se ha desarrollado mucho para el salmón, la dorada, la lubina, entre otros peces de agua salada, y para la trucha, de agua dulce. Su alimentación está muy controlada, así como la calidad de las aguas en las que crecen, siendo ambas irreprochables. La densidad de peces por metro cúbico de agua es de dos a tres veces inferior a la de la crianza tradicional.

Lo + práctico

• **La actitud del consumidor bio «responsable»** consiste en priorizar las especies de peces menos amenazadas (las situadas en la base de la cadena alimenticia); además, dichas especies son las menos contaminadas y las más ricas en ácidos omega-3: orientando tu consumo hacia ese tipo de pescado, estarás haciendo un gesto benéfico para tu salud y para el planeta.

Para ayudarte a escoger bien puedes entrar en ‹www.pourunepechedurable.org›*, una guía con consejos. Aprenderás qué pescados debes consumir preferentemente (sardinas, arenques, caballa, merluza...) y los que debes limitar en tu plato (salmón salvaje, atún rojo, bacalao...) a causa de su sobrexplotación.

La etiqueta MSC (Marine Stewardship Council), creada por una organización independiente, identifica los productos de la pesca marina sostenible y respetuosa con el entorno (en función de las cantidades y de las

....

* En la web de Greenpeace se pueden encontrar informaciones parecidas en español, ‹www.greenpeace.org/espana/news/gu-a-para-el-consumo-responsab›, (N. de la T.).

¿Qué tesoros nutricionales se esconden en el marisco?

Este alimento casi totalmente desprovisto de lípidos y glúcidos es, ante todo, una excelente fuente de proteínas y rebosa vitaminas, sales minerales y oligoelementos:

• Se lleva la palma por su riqueza en vitamina B12: las almejas, con 25 µg/100 g, y las ostras, con 16 µg/100 g. Los aportes diarios recomendados son de 2,4 µg, ¡así que 100 g de ostras nos aportan 7 veces nuestras necesidades diarias! NB: la **vitamina B12** asegura el buen funcionamiento del sistema nervioso y combate la anemia.
• Estos son los alimentos mejor provistos de **yodo**: de los 58 µg/100 g de las ostras a los 105 µg/100 g de los mejillones (los aportes diarios recomendados son de 150 µg). NB: la falta de yodo puede entrañar una disfunción de la tiroides (fatiga, lentitud general).

→

- Contiene tasas de hierro muy superiores a las de la carne: 7,9 µg/100 g para los mejillones (contra 3 µg/100 g de media en las carnes rojas) y 14 µg/100 g en los berberechos (el aporte nutricional aconsejado es de 9 a 16 mg/día).
- También encontrarás en él buenas dosis de **selenio, cobre, zinc, magnesio...** Todos ellos son elementos indispensables para estimular nuestro sistema inmunológico y, en algunos casos, para luchar contra el envejecimiento celular (que causa, por ejemplo, la pérdida de memoria).
- ¡Una docena de ostras cubre la totalidad de nuestras necesidades diarias de zinc!
- Los mejillones contienen 56 µg/100 g de selenio (cuando el aporte aconsejado diario es de 55 a 70 µg/100 g).

técnicas de pesca que no resultan una amenaza para las especies).

- **La frecuencia más adecuada para poner pescado en la mesa** es la de tres veces por semana, de las cuales una debe ser de pescado azul. Los mariscos deberían consumirse al menos un par de veces al mes.

- Debido a su fragilidad, el **pescado no tiene espera.** Cómpralo fresco y consúmelo lo antes posible: en el caso de las ostras, el mismo día, hasta en los dos días posteriores para el cangrejo y en el plazo de cuatro días como mucho para las vieiras. Envuelve el pescado en un paño limpio y colócalo en la parte inferior de la nevera o en un sitio fresco y aireado (de 5 a 15 °C).

Si no puedes organizarte para comprar y cocinar el pescado fresco, entonces no dudes en comprarlo fresco y congelarlo o comprarlo directamente congelado.

Lo + agradable

El pescado es naturalmente rico en ácidos grasos esenciales (omega-3) y tiene la ventaja de ser sabroso por sí mismo, sin exigir artificios culinarios de ninguna clase. Es innecesario añadirle salsas ricas en grasa. Como sus omega-3 son tan sensibles al calor, es preferible una cocción suave y corta, por ejemplo al vapor.

Lomos de salmón con espárragos y salsa de eneldo: cuece al vapor un lomo de salmón por persona durante 8 minutos en un lecho de espárragos verdes. Bate algunas puntas de espárragos con un poco de crema de soja, el eneldo picado y un chorrito de limón. Sirve los lomos con su lecho de espárragos regados con un poquito de salsa.

Esta técnica se adapta bien a otros pescados blancos: bastará con variar la guarnición y las hierbas aromáticas: merluza con espinacas y ramitas de perejil, pescadilla con rodajas de calabacín y salsa de albahaca, fletán con tomates y salsa de cilantro, etcétera.

LOS CEREALES, LAS LEGUMBRES, LAS FÉCULAS Y EL PAN

Junto con la fruta y la verdura, estos alimentos son las estrellas de la alimentación bio, pero siempre en su versión integral (no refinada).

Lo + dietético

Ricos en **glúcidos (azúcares) lentos,** estos alimentos aportan, ante todo, energía a los músculos y al cerebro. De todos modos, su aporte calórico es muy razonable (1 g de glúcidos = 4 calorías, o sea, lo mismo que 1 g de proteínas), particularmente para aquellos que tienen que controlar su peso: cuenta 90 calorías por cada ración de 100 g de legumbres cocidas (esto es, 3 cucharadas soperas de arroz o de sémola, o entre 6 y 8 cucharadas soperas de lentejas cocidas). El otro aspecto interesante de esta categoría de alimentos radica en su contenido en **proteínas vegetales,** más o menos elevado según el caso: del 10 al 14% en los cereales (trigo, harinas, pan, pastas, sémolas, arroz, maíz, avena, bulgur, mijo, quinoa, etcétera) y alrededor del 20% en las legumbres (judías blancas y rojas, judías verdes, garbanzos, lentejas, soja y sus derivados, como el tofu...). Su presencia en la comida permite moderar el consumo de carnes o pescados, al ser también fuente de proteínas, sin que nos aporten grasas saturadas, malas para la salud, cosa que no ocurre con la carne (además, los cereales, las féculas y las leguminosas están prácticamente desprovistos de lípidos, ¡pero mucho cuidado con la forma de prepararlos, particularmente por lo que se refiere a las salsas!).

Esta categoría de alimentos procura, paralelamente, una mina de elementos nutritivos que suelen brillar por su ausencia en nuestra alimentación, por ejemplo la **fibra,** las sales minerales (hierro, magnesio, calcio) y **vitaminas del grupo B** (útiles para el equilibrio nervioso del organismo). Este plus los convierte en alimentos interesantes en el plano digestivo, ya que las fibras favorecen el buen tránsito intestinal y calman el apetito. Las vitaminas y las sales minerales, por su parte, procuran una buena dosis de vitalidad –y también de serenidad para el organismo–. Pero para aprovechar plenamente estos micronutrientes, los cereales deben ser integrales (véase cuadro de la página 64). La legumbre presenta la ventaja de ser integral de manera natural porque no se puede refinar.

Dos tipos de semillas particulares: la quinoa y la soja

• **La quinoa o «semilla ideal»**: procede de una planta (de la familia de las quenopodiáceas, como la espinaca o la remolacha), pero su composición y su modo de preparación la acerca más a los cereales. Sus cualidades nutritivas son como las de los cereales integrales: no sólo su nivel de proteínas es más elevado que en estos (más o menos el 13,8% contra el 11,5% del trigo y el 7,4% del arroz), sino que todos los aminoácidos se encuentran reunidos en esta semilla (véase el recuadro). Y por si esto fuera poco, contiene **niveles impresionantes de micronutrientes:** hierro (4,2 mg/100 g contra los 2 mg/100 g del arroz integral), magnesio (204 mg/100 g frente a la mitad en los cereales), vitaminas B1, B2... Su nivel de fibras está cercano al 8% y es comparable al de las lentejas.

• **La soja o «carne vegetal»**: es una leguminosa rica en proteínas vegetales que contiene los ocho aminoácidos esenciales necesarios para el buen funcionamiento del organismo, como la carne. Por eso al tofu se le llama «carne de soja», porque puede reemplazar perfectamente a la carne o al pescado en un menú vegetariano (160 g de tofu aportan tantas proteínas como 100 g de carne). La otra particularidad de la soja viene de las fitohormonas (isoflavonas) contenidas en su planta, que se parecen mucho a las hormonas femeninas o estrógenos. Gracias a dichas fitohormonas, las mujeres asiáticas sufren menos molestias derivadas de la menopausia (caída de la secreción de estrógenos), porque ellas absorben cantidades im-

¿Qué diferencia hay entre una proteína animal y una proteína vegetal?

Las proteínas animales están compuestas de ocho aminoácidos (elementos básicos de los que se constituyen las proteínas) indispensables para el buen funcionamiento del organismo. No es el caso de las proteínas vegetales, deficientes en uno o dos aminoácidos. A los cereales les falta la lisina y las legumbres carecen de metionina y cisteína. ¡Y justamente ahí reside su complementariedad! Si en el curso de una misma ingesta tomamos cereales y legumbres, estarás tomando todos los aminoácidos que tu organismo necesita. Basta con observar los platos tradicionales de las diferentes culturas extranjeras para ver cómo el ser humano ha comprendido, intuitivamente, dicho principio a lo largo de los años: arroz + lentejas en la India, sémola de trigo + garbanzos en el Magreb, maíz + judías pintas en América, soja + arroz en Asia...
La carne, de este modo, deja de ser un elemento indispensable.

¿Cuánta fibra hay en...?

- Un entrante a base de verduras (125 g): 3 g de media.

- Una pieza de fruta (manzana, naranja...): 2-3 g.

- Un plato principal a base de verdura cocida (200 g): 5 g.

- Un plato de arroz (60 g crudo, es decir, 180 g cocido):
  → 2,5 g en el integral;
  → 0,9 g en el blanco.

- Un plato principal a base de legumbres (60 g crudas o 180 g cocidas): 10-14 g de media.

Los aportes nutricionales aconsejados para un adulto son de 25 a 30 g/día (los europeos suelen consumir la mitad, en torno a los 15g/día).

portantes de isoflavonas a través de su alimentación, rica en soja. De todas formas, hay que decir que un exceso de consumo de soja en sus formas no fermentadas (leche de soja, tofu...) parece estar contraindicada según se deduce de estudios recientes; lo preferible sería consumir formas fermentadas de la soja (miso, shoyu o salsa de soja, tamari, yogures o leches fermentadas...), que son más fáciles de asimilar. En la práctica, dos productos al día elaborados a base de soja son una buena dosis. Atención con los «brotes de soja» que suelen servirse en las ensaladas porque a menudo se trata de brotes de judías, también llamada soja verde, muy cercanas a una legumbre verde. Su composición no es la misma que la de la soja amarilla, cuya semilla sirve para elaborar una larga lista de productos (bebidas, cremas para postre, tofu...).

Lo + bio

• **Gracias a la biodiversidad** característica de los cultivos bio, los cereales no acaban siempre en forma de pasta (hecha de trigo duro) o en forma de arroz. Otros cereales más o menos olvidados aparecen nuevamente en escena: el bulgur, la espelta, la cebada, el mijo... Y además aparecen cereales o similares venidos de otras culturas, como la quinoa sudamericana.

• Los ecologistas ven una **posible solución contra la deforestación y la contaminación engendrada por la ganadería** en un régimen alimenticio rico en cereales y legumbres. Hay, no obstante, una sola objeción: la soja que se cultiva en la Amazonia y que está destruyendo la selva iy que es para abastecer a Europa! Otra ventaja de una dieta de este tipo es el cultivo de legumbres, que no requiere de abonos químicos nitrogenados porque esas plantas son capaces de convertir el nitrógeno atmosférico en nitrógeno mineral, fácilmente absorbible.

Además, el cultivo de legumbres enriquece el suelo para los cultivos siguientes que pueda haber.

¿En qué consiste el refinado?

Consiste en eliminar el envoltorio adherido a la almendra central del grano de cereal con el fin de mejorar el almacenamiento de los alimentos. Así, el grano pierde su color oscuro y se «blanquea». Desgraciadamente, esto implica la pérdida de muchas vitaminas, fibras, sales minerales y oligoelementos, que son lo más interesante desde el punto de vista nutricional para nuestro organismo.

Lo + práctico

• Aunque el precio de los cereales tienda a aumentar, el coste de las proteínas vegetales sigue resultando inferior, con diferencia, al de las proteínas animales. Revisando los contenidos de nuestros platos, con una revalorización de los alimentos de origen vegetal, aún siendo bio ¡la alimentación es mucho más barata!

• Poner la legumbre en remojo la noche antes o durante unas cuantas horas (tres o cuatro) permite disminuir el tiempo de cocción y las hace mucho más digestivas. Truco: añade ajedrea, tomillo, laurel o unas semillas de fenogreco durante la cocción para evitar las flatulencias.

• **El pan es como un cereal en sí mismo.** Siendo así, conviene incorporarlo en cada comida, en cantidad más o menos grande según la cantidad de féculas del menú: aumenta las rebanadas de pan cuando no hayan cereales ni legumbres; por el contrario, reduce la cantidad de pan cuando tengas delante un copioso plato a base de cereales (como unos espaguetis o una paella de arroz).

Lo + agradable

Para descubrir la quinoa, o apreciarla más todavía, prepárala en forma de *quinoasotto* (un *risotto* de quinoa: véase receta página 135) o bien prepara esta receta de calabacines rellenos de quinoa: corta la parte superior de 4 calabacines y cuécelos 10 minutos al vapor. Echa 60 g de quinoa en 2,5 partes su volumen de agua fría y cuécela 15 minutos a fuego medio. Sálala al final de la cocción. Vacía delicadamente los calabacines. Dora una cebolla picada con una cucharadita de aceite de oliva en una sartén antiadherente. Añade la carne de los calabacines picada junto con unas cuantas olivas negras, deshuesadas y picadas. Mezcla con la quinoa 2 cucharadas de cilantro fresco picado y 50 g de feta desmenuzado. Rellena los calabacines y vuélvelos a cocer 10 minutos más al vapor.

LA VERDURA Y LA FRUTA

En una comida bio, la fruta y la verdura están siempre presentes, desde el primer plato hasta el postre.

Lo + dietético

Constituyen el pilar de nuestro buen estado de salud y son indispensables para una alimentación equilibrada. ¡Merecen un **lugar preferente** en nuestros platos! Además, esta familia de alimentos es la menos calórica y la más completa en elementos nutritivos.

• **La fruta y la verdura son ricas en fibras:** comiendo fruta y/o verdura en cada ingesta, te sentirás saciado más rápidamente y absorberás menos calorías en el curso de la comida. ¡Evitarás el picoteo entre horas y tu tránsito intestinal funcionará como un reloj!

• **La verdura y la fruta son nuestra principal fuente de vitaminas y de sales minerales: empezando por la vitamina C** en la verdura cruda, que nos preserva de las pequeñas infecciones, y por las vitaminas del grupo B, que optimizan el buen funcionamiento del organismo. En cuanto a las otras vitaminas, también aportan su granito de arena al buen funcionamiento del cuerpo. El abanico de sales minerales presentes en la fruta y la verdura es también enorme: una tiene más magnesio, la otra tiene más calcio... ¡Por eso hay que diversificar el consumo de alimentos!

• **La fruta y la verdura son la mejor fuente natural de antioxidantes:** carotenos, polifenoles, licopenes (sin olvidar las vitaminas C y E que también están presentes)... Todas estas pequeñas y famosas sustancias retrasan el envejecimiento celular.

La combinación de dichos micronutrientes presentes en la fruta y la verdura permiten luchar contra el desarrollo de cierto número de patologías como cáncer (diversos estudios han demostrado que el riesgo de

¿Cómo se consumen adecuadamente las pastas, el arroz o las patatas?

Estas féculas tienen un aporte calórico comparable entre ellas (90 kcal/100 g cocidos), es decir, que dos patatas o tres cucharadas soperas de arroz o de fideos son lo mismo en términos calóricos.
Se componen fundamentalmente de glúcidos (azúcares) complejos en forma de almidón (20 g/100 g) más un poco de proteínas vegetales (2 g/100 g). Pueden contener más o menos fibra, vitaminas y sales minerales. Para beneficiarse de ellas, deberemos escoger siempre las versiones menos refinadas: pastas semiintegrales, quinoa, arroz integral, arroz basmati...
Su modo de cocción influye también en la digestión de sus glúcidos: ¡cuanto más cuezas las féculas más rápidos se vuelven sus azúcares! Por ese motivo es necesario privilegiar las cocciones al dente para la pasta y el arroz o cocinar las patatas con la piel y al vapor. Evita a toda costa las bolsitas de arroz o de pasta de cocción rápida (entre 2 y 5 minutos) así como los purés en copos.

¿Cómo preservar las vitaminas, sales minerales y antioxidantes en la fruta y la verdura?

• Compra siempre la fruta y la verdura fresca en pequeñas cantidades (especialmente si hace calor) y consérvalas de dos a tres días (y no más, si es posible).

• Las vitaminas y las sales minerales tienen una fastidiosa tendencia a huir con el agua: ¡son hidrosolubles! Por lo tanto, lo mejor es lavar la fruta y la verdura con un chorrito de agua fresca y no ponerlas nunca en remojo.

sufrir cáncer es dos veces más elevado en personas cuyos aportes de fruta y verdura son bajos), enfermedades cardiovasculares...

Lo + bio

• **Las variedades antiguas de fruta y verdura** que se han vuelto a poner de moda tienen un valor nutritivo añadido: es el caso de las manzanas bio de la variedad Calville, mucho más ricas en vitamina C que las manzanas propias del cultivo habitual.

• **Cogidas cuando están maduras,** la verdura bio tiene más sabor y la fruta es más dulce de forma natural. Se acomodan perfectamente a un postre sin necesidad de añadirles azúcar. Cualquier variedad de fruta y verdura bio contiene más cantidad de antioxidantes que sus equivalentes en la agricultura convencional.

• **Exentas de pesticidas,** la fruta y la verdura bio pueden consumirse con la piel, que es el sitio donde se concentran más vitaminas y sales minerales (¡la piel de la fruta posee una media de 5 veces más vitamina C que la pulpa!). Es en la piel donde se concentran los pesticidas, por lo que para hacer postres y otras recetas sólo son aconsejables las pieles de naranjas y limones bio.

Lo + práctico

• **Sigue el ritmo de las estaciones** para la fruta y la verdura porque la naturaleza sabe hacer las cosas bien hechas. Nos ofrece lo mejor que produce en cada momento del año y justo en el momento en que nuestro cuerpo lo necesita: los espárragos ricos en fibra, propios de la primavera, limpian nuestro sistema digestivo; los melones y albaricoques veraniegos son ricos en betacarotenos, justo cuando empieza el buen tiempo y necesitamos preparar la piel para soportar el sol... La fruta y la verdura consumida en su justo momento, además, resulta más económica.

Todos aquellos que han olvidado –o que jamás han sabido– las temporadas de cada fruta y verdura, se pueden descargar un calendario de fruta y verdura de temporada en la web de la asociación Consodurable: ‹www.consodurable.fr/dossiers_detail.php?id=21›.

• **Juega con la alternancia entre crudo y cocido:** la verdura cruda y la cocida son complementarias. En crudo contienen de dos a tres veces más cantidad de vitamina C que sus equivalentes cocidos, y sus sales minerales ofrecen un nivel óptimo también antes de la cocción. Pero a altas dosis, las fibras crudas irritan la pared intestinal y favorecen los gases. Por eso es interesante cocer un poco algunas frutas y verduras para favorecer su masticación, ablandar sus fibras y favorecer su digestión. Combina lo crudo con lo cocido en tus menús: entrantes crudos y compotas para postre o crema de verduras de primero y macedonia de postre. Una receta también puede asociar las dos

cosas: ensalada de habas y tomates, por ejemplo. **La regla es muy simple: crudo + cocido = vitalidad + digestión fácil.**

• **La dosis correcta:** la noción de «porción» (las famosas cinco piezas de fruta y verdura al día) no está clara para todo el mundo y su transcripción en peso (400 g como mínimo) no suele ser muy práctica, especialmente si comemos fuera de casa, en bares o restaurantes. Lo más fácil es **incorporar fruta y verdura en cada ingesta,** particularmente en la comida y la cena, como entrante, como guarnición o como postre. Deberían comerse al menos **dos piezas de fruta al día,** ya sea como postre tras las comidas o entre horas, a media mañana o a media tarde. Además, debemos tener en cuenta que si un menú no lleva verdura, deberemos comer fruta de postre y viceversa. En resumen, intenta seguir la siguiente regla: **¡Ninguna comida sin fruta o sin verdura!**

Lo + agradable

Esta receta combina la verdura cruda y la cocida al mismo tiempo.

Carpaccio de verduritas crudas y brocheta de albaricoques con sésamo: lava 4 tomates, 1 pepino pequeño y 20 rábanos. Corta todas las verduras a rodajitas muy finas. Coloca en cada plato unas rodajas de tomates, formando un rosetón, luego rodajas de pepino por encima de los tomates y, finalmente, las rodajas de rábanos. Mezcla una cucharadita de mostaza en 1 yogur natural junto con 2 cucharadas soperas de menta picada, 3 cucharaditas de aceite de oliva y 1 cucharadita de aceite de sésamo. Salpimenta. Vierte la salsa sobre el *carpaccio,* formando un cordón. Lava 6 albaricoques, córtalos en dos y retira el hueso. Pincha 3 trozos de albaricoque en cada pincho de madera, espolvoréalos con semillas de sésamo y gratínalos en el horno unos minutos. Coloca las dos brochetas calientes sobre el *carpaccio.*

LÁCTEOS Y QUESOS

La presencia de esta categoría de alimentos en nuestra dieta bio debe ser discreta, porque sus proteínas animales vienen a añadirse a las de la carne y el pescado. Por contra, su riqueza en calcio incita a tenerlos muy en cuenta.

Lo + dietético

El interés de los productos lácteos radica en su **alto contenido en calcio.** Esta sal mineral juega un papel primordial en el crecimiento de los huesos desde el nacimiento y durante toda la etapa de desarrollo. En la edad adulta, conserva el capital cálcico y previene la descalcificación de los huesos (osteoporosis). Sin embargo, y contrariamente a lo que se piensa, ¡un gran consumo de productos lácteos no sirve en absoluto para fijar el calcio en los huesos! Hay muchos factores a tener en cuenta en la lucha contra la osteoporosis (véase el siguiente

recuadro). Es inútil, por lo tanto, consumir muchos alimentos de esta categoría.

Los alimentos mejor provistos de calcio, como los quesos muy curados, son al mismo tiempo los más grasos y sus ácidos grasos saturados tienen un efecto nefasto para la salud de nuestras arterias. Tienen la mala costumbre de favorecer los depósitos de colesterol y aumentar el riesgo de padecer enfermedades cardiovasculares.

Además del abundante calcio, los productos lácteos contienen una notable cantidad de proteínas animales, aunque sea menor que la de la carne y sus equivalentes (3 g en 100 ml de leche, 5 g en un yogur o en el queso fresco, 8 g aproximadamente en un trozo de queso de 30 g frente a los 20 g en 100 g de carne o de pescado). Por tanto no es necesario ir acumulando proteínas animales en nuestras comidas principales.

Lo + bio

• Las tiendas bio reservan un lugar importante para la leche de cabra y los yogures y quesos de esta leche. Su sabor, a veces más dulce y a veces más fuerte, puede sorprendernos. Hay que probarla...

Debes saber que la leche de cabra contiene tanto calcio y materias grasas como la leche entera de vaca. En la actualidad también hay leche de cabra semidescremada, pero la mayoría de los yogures se hacen con leche entera.

En cuanto a la leche de oveja, contiene casi el doble de lípidos (6,8%) y un poco más de calcio (180 g/100 g contra 120 g/100 g) que la de vaca.

Pero aunque la composición nutricional de la leche de vaca, de cabra o de oveja presentan algunas diferencias, estas son mínimas cuando la leche se transforma en queso.

• **Actualmente se pueden encontrar todo tipo de quesos en versión bio,** especialmente los franceses, como el roquefort. También es fácil encontrar quesos bio de cabra y de oveja.

Soluciones para fijar el calcio en los huesos

• Equilibrar las fuentes de calcio: lo ideal es un 50% de calcio de origen animal (leche, quesos, yogures, pescado azul) y un 50% de origen vegetal (frutos secos de todo tipo, fruta, legumbres, verdura, agua mineral con calcio...).

• Consumir alimentos ricos en vitamina D: pescado azul, yemas de huevo...

• Limitar el consumo de carnes grasas y de embutidos (ricos en proteínas y grasas saturadas) porque comportan una pérdida de calcio.

• No abusar de la sal y desconfiar de la sal presente en muchos alimentos (salazones, productos industriales como galletitas saladas, panes de molde industriales, algunos cereales para el desayuno...).

• Practicar alguna actividad física suave de manera regular.

Lo + práctico

• **No hace falta que averigüemos los niveles de materia grasa de cada queso para ver si lo podemos consumir o no.** Los quesos frescos son menos calóricos y si te apetece puedes incluirlos en tu dieta (queso fresco de cabra, feta...). A lo largo de la semana alterna diferentes tipos de quesos, desde los grasos como el camembert o el brie, hasta los quesos secos como el manchego curado, el emmental...

• **La dosis correcta:** es inútil abusar de los productos lácteos y los quesos creyendo que así aumentaremos el calcio en el organismo. Un lácteo o un trozo de queso en alguna de las comidas principales de la jornada (comida y cena) será suficiente. En el desayuno puedes tomar dos lácteos o un solo trozo de queso (dado su aporte suplementario de grasas). Pero evita acumular lácteos en una misma ingesta: verdura gratinada + postre lácteo no es una buena opción.

Lo + agradable

Pon un poco de queso de cabra en tus recetas de verdura, por ejemplo en gratinados o en flanes. Esta es una receta de alcachofas con queso fresco de cabra: cuece 12 corazones de alcachofa en agua hirviendo con sal durante 8 minutos junto con el zumo de medio limón. Escúrrelas y colócalas en la bandeja del horno. En un plato hondo, chafa 150 g de queso fresco de cabra con un tenedor, añade 1 cucharada sopera de aceite de oliva y 2 cucharadas soperas de cebollino picado. Salpimenta. Coloca el queso desmigado sobre las alcachofas y gratina hasta que se doren ligeramente.

LOS CONDIMENTOS

Para aliñar, cocer o simplemente dar un toque a tus recetas, una vez más, las especias bio te ofrecen una amplia selección de productos, incluyendo algunas que seguramente ignorabas hasta ahora...

• **La sal marina gris natural** (sal fina, sal gorda y flor de sal): este tipo de sal sin refinar no se somete a ningún tipo de tratamiento químico para blanquearla, por eso es de color gris. No se le añaden productos para evitar terrones y no se aísla solamente el cloruro de sodio. No te sorprendas, pues, por su humedad, ya que esta proviene de su riqueza en sales minerales y oligoelementos, mucho más interesantes y más fácilmente asimilables que los de la sal refinada. Gracias a este tipo de sal se acabaron los excesos: una pequeña cantidad basta para salar los alimentos.
En la misma línea, pero mucho más cara, está la sal rosa cristalina del Himalaya (¡y su precio no es de extrañar teniendo en cuenta la cantidad de kilómetros que tiene que viajar hasta llegar a tu casa!).

• **El gomashio (o goma-sio):** se trata de un condimento con un ligero sabor a avellanas, a base de se-

IMPORTANTE: no existe sal bio propiamente dicha porque se trata de una sustancia mineral. Ningún productor de sal puede reivindicar dicha denominación para su producto.

La acidez de los diferentes tipos de vinagre es más o menos tolerada por las diferentes personas que los consumen (tanto por su sabor como por la digestión), pero no resulta perjudicial a menos que se acumulen en el mismo plato otros ingredientes ácidos (mostazas, etcétera).

Por otra parte, el vinagre está repleto de virtudes, particularmente el de sidra. Este elixir natural es un excelente depurativo.

Si no te gusta su sabor puedes emplearlo para otras cosas, por ejemplo en el último enjuagado del cabello, para dejarlo brillante (porque es un producto natural antical reconocido).

millas de sésamo (en japonés «goma») y sal marina (en japonés «shio»), tostados juntos con fuego de leña y después molidos en molino de piedra en frío. La asociación de estos dos ingredientes ricos en sales minerales (fósforo, magnesio, calcio...) le da un valor añadido a la sal de tus platos. Puedes espolvorearlo sobre verduritas crudas, para salar vinagretas (1 cucharadita por cada 3 o 4 cucharadas de aceite), para empanar filetes de pescado o para condimentar un gratinado.

• **La salsa de soja (shoyu) y el tamari:** existen diversas salsas de soja, todas ellas derivadas de las semillas de soja fermentadas, en forma de líquido marrón más o menos oscuro. El tamari, elaborado únicamente con soja, tiene un sabor más fuerte y pronunciado, mientras que el shoyu es una mezcla de soja y de trigo. Muy utilizado en la cocina china, este jugo es tan salado que reemplaza a la sal (mucho cuidado con este tema: ino se deben usar ambos ingredientes juntos porque sería como una sobredosis de sal!) y permite aromatizar y resaltar los aliños, los caldos, las salsas y numerosos platos a base de verdura y cereales. Bien dosificado (unas cuantas gotitas bastan), limita el empleo de materias grasas procurando proteínas de calidad y las preciosas sales minerales. La garantía bio evitará la presencia de productos químicos como colorantes o sirope de maíz, a menudo añadidos para limitar el tiempo de fermentación.

• **Los vinagres bio:** tienen la ventaja de estar fabricados con ingredientes naturales (sin azúcar añadido, edulcorantes sintéticos, conservantes, colorantes ni OGM) y de conservar sus cualidades inalterables (porque no se pasteurizan). Su calidad ecológica garantiza, del mismo modo, una fabricación natural.

Si sólo pudiéramos comprar un tipo de vinagre, el elegido sería sin duda el de sidra bio no pasteurizado, dada su riqueza en sales minerales (empezando por el potasio, seguido por el calcio, el magnesio, el hierro y el azufre). Su composición le confiere, igualmente, propiedades antisépticas, haciéndolo menos ácido (y más tolerable por el sistema digestivo) que el resto de vinagres.

• **El umeboshi:** se trata de una especialidad japonesa elaborada a partir de unas pequeñas ciruelas niponas fermentadas en sal marina y hojas de shiso rojo (planta de la familia de la menta). Dicha fermentación produce un condimento rosa pálido, parecido a un puré

La cúrcuma
¡vale más que el oro!

Numerosos estudios avalan las virtudes de este fabuloso polvo amarillo dorado para la salud. Este antiinflamatorio natural es un remedio excepcional para los tumores cancerígenos. Para optimizar su absorción, lo ideal consiste en mezclarlo con aceite y pimienta.
Recuérdalo para incorporarlo en tus recetas...

de fruta, que se vende también como aliño al estilo del vinagre (en este caso con un grado de acidez más bajo). Se puede utilizar como vinagre o como mostaza para hacer salsas y vinagretas. Como es bastante salado, ¡ni se te ocurra salar con él las salsas o lo que estés preparando!

• **Las pastillas de caldo bio** de verduras o de ave con finas hierbas: ¡sólo las versiones bio no contienen sal añadida ni conservantes! Estos impulsores del sabor son capaces de convertir la más simple de las recetas en un bocado atractivo: ponlo en el agua de cocción de la pasta, del arroz o para estofar verduras, para un *risotto*... ¡Ya verás qué diferencia!

• **Los brotes de semillas germinadas:** esos preciosos ramitos decorativos y crujientes, no sólo son un adorno la mar de estético. ¡Esconden todo un concentrado de elementos nutritivos! El proceso de germinación actúa muy positivamente sobre las semillas iniciales. Por una parte, reduce el gran tamaño de las moléculas de proteínas y de almidón (aminoácido y azúcares simples) y las hace más fáciles de digerir por el tubo digestivo. Por otro lado, **¡la germinación multiplica su contenido en vitaminas y micronutrientes por 5 o por 10 (según el tipo de semilla) en pocos días!**

Los brotes suelen venderse listos para consumir en la sección de las ensaladas. Pero lo ideal sería que nosotros mismos germináramos los brotes en casa, en versión «minijardín». Compra una mezcla de semillas o prueba sólo con semillas de alfalfa; compra también un germinador y sigue las instrucciones que se indiquen. Se necesitan un par de días de paciencia (cuatro o cinco para algunas semillas) para poder disfrutar de una cosecha propia. Encontrarás la descripción de una amplia gama de semillas e ideas para recetas en ‹www.avogel.fr›.

• **Las hierbas aromáticas** no sólo desprenden delicados aromas en nuestros platos, sino que nos permiten cocinar con una reducida cantidad de sal y de materia grasa. Por eso aligeran agradablemente nuestras recetas. Añadirlas no incide de ninguna manera en el aporte calórico de los platos. Sería una pena privarse de ellas teniendo en cuenta su densidad en micronutrientes como la vitamina C, la vitamina B9, la provitamina A, el magnesio, el calcio, el hierro, la fibra... En cuanto a sus efectos sobre la salud, se conoce su impacto positivo sobre la digestión de los alimentos que acompaña; el resto de efectos beneficiosos está en proceso de investigación. Las hierbas aromáticas contienen valiosas **moléculas antioxidantes** que nos protegen contra el cáncer de estómago y contra las enfermedades cardiovasculares. Actualmente se sabe que para conservar sus virtudes es preferible consumir las hierbas frescas o congeladas antes que secas. Las cocciones suaves (vapor, estofados lentos...) les resultan más favorables que las cocciones agresivas (horno, parrilla, fritura...).

• **Las especias,** como las hierbas aromáticas, no son tratadas con pesticidas ni abonos químicos, pero sólo las variedades bio nos aseguran que no han sido almacenadas en sacos de yute tratados con insectici-

¿Cuáles son las virtudes de los aceites esenciales más raros (de cáñamo, pipas de calabaza, erguén...)

¡Quien dice raro dice caro! Los aceites esenciales deben usarse con parsimonia y de forma ocasional. Su sabor siempre es excepcional, ya que cada aceite tiene una composición particular. Así, el aceite de erguén se acerca bastante al de oliva, aunque se distingue por su concentración de vitamina E, que es dos veces más elevada: este maravilloso antioxidante lucha contra el envejecimiento de la piel (por eso este aceite se usa tanto en cosmética). El aceite de pipas de calabaza se acerca al aceite de nuez, pero tiene más ácidos grasos esenciales del tipo omega-6 y un poquito (muy poco) del tipo omega-3. Resulta benéfico para la próstata. El aceite de cáñamo es como el aceite de colza, con un estupendo equilibrio en ácidos grasos esenciales (mezclando omega-3 y omega-6) y virtudes antiinflamatorias.

das. Cuando son especias bio tampoco se usan colorantes ni aditivos de ninguna clase.

• **Los aceites «vírgenes de primera presión en frío» bio:** utilizan semillas propias de la agricultura ecológica y su modo de fabricación es completamente natural, quedando exentos de cualquier tratamiento químico y extrayendo el aceite siempre en frío. El resultado es un aceite más oscuro, con un **sabor muy particular,** que contiene todos los elementos nutritivos propios de los oleaginosos de los que derivan: grasas insaturadas de calidad y sus ácidos grasos (de los tipos omega-3 y 6), una notable cantidad de vitamina E y otros antioxidantes como la provitamina A, carotenos... Atención: un aceite, sea virgen o refinado, contiene la misma cantidad de materia grasa, porque todo aceite está constituido por un 100% de lípidos. Pero cada aceite tiene una composición específica en ácidos grasos que lo caracteriza, que determina su modo de empleo (para guisar o para aliñar) y sus beneficios para la salud. Los aceites bio son más frágiles que los otros, especialmente una vez abiertos. Es mejor conservarlos en un sitio fresco y al abrigo de la luz; algunos, como el aceite de nuez, deben guardarse en la nevera directamente. Las tiendas bio ofrecen, por otra parte, gran diversidad de aceites, desde los más clásicos a los más raros (¡hasta 30 referencias! Véase cuadro página 77).

• **Si hay que destacar dos o tres aceites, estos serán:**
El aceite de oliva, por su sabor y por su versatilidad, que lo hace bueno para aliñar y para cocinar (sus ácidos grasos monoinsaturados soportan bien las temperaturas altas). Además, ¡es el que más favorece el descenso del colesterol!
El aceite de girasol, por la suavidad de su sabor y su alto contenido en vitamina E y en ácidos grasos no saturados, los cuales no son esenciales, ya que el cuerpo humano no los puede producir. La calidad de sus ácidos grasos (mono y poliinsaturados) junto a su riqueza en ácido linoleico, oleico y vitamina E ayuda a reducir el riesgo de sufrir problemas circulatorios, in-

fartos y enfermedades cardiovasculares. La riqueza del aceite de girasol en vitamina E lo hace un buen aliado de nuestra piel y tiene un gran efecto antioxidante, con lo que sus propiedades terapéuticas son muy amplias.

Esporádicamente puede usarse el **aceite de nuez,** que encierra una buena cantidad de omega-3, aunque no presenta una buena relación entre omega-3 y omega-6. Su sabor es especial y, por tanto, menos intercambiable con otros aceites, y su elevado precio unido a su fragilidad (se pone rancio enseguida) lo hacen poco práctico para la vida diaria. Para realzar el sabor de tus platos y asegurarte un buen estado de salud, puedes mezclarlo en los diferentes platos de la misma ingesta.

• **Las cremas o natas vegetales** a base de soja o de avena: son como la nata líquida de vaca pero más ligeras porque a pesar de que llevan un porcentaje de lípidos (grasas) cercano al 15%, las cremas de leche de vaca contienen un 31% de MG. Sin embargo, el origen vegetal de estas natas otorga a sus grasas (insaturadas) virtudes comparables a las de los aceites y explica la ausencia de colesterol. Constituyen una excelente alternativa sabrosa (tienen un ligero sabor a avellana) y nutritiva a la nata líquida de vaca para todo tipo de platos salados o dulces: para salsas frías, para verduras, en flanes o gratinados, en cremas, en postres... Espesan cuando se les añade zumo de limón. Sin embargo, no intentes hacer nata montada: ¡será una fracaso absoluto! Se venden en pequeños *briks* UHT.

• **Las «leches» vegetales:** provienen de cereales o de oleaginosos como la soja, el arroz, las almendras, la avena, las castañas, etcétera, y se emplean como leche, aunque en realidad son zumos porque la leche es siempre un producto de origen animal y sólo esta tiene derecho a llevar ese nombre. Los envases suelen llevar el nombre de «bebida de soja» (o de lo que sea).

Para saber más sobre sus virtudes y su utilización, vuelve al párrafo que trata sobre el tema en el apartado «Productos lácteos» del capítulo «El desayuno bio» de la página 35.

• **El tofu:** es una cuajada de leche de soja que se consigue con ayuda de una sal coagulante llamada nigari (cloruro de magnesio extraído de la sal de mar y que se encuentra en ella de forma natural). Luego, la cuajada se separa de la soja mediante un filtrado (parecido al del suero de la leche) para darle al tofu un acabado más o menos firme. El tofu suave tiene una textura tierna y más untuosa que el tofu clásico. De

hecho, cuanto más se prolonga el escurrido, más compacto sale el tofu. Cocinar y comer tofu no forma parte de nuestra cultura y resulta muy soso para los paladares poco habituados. La verdad es que se trata de un alimento «camaleónico» porque absorbe fácilmente los aromas de los ingredientes que lo acompañen. Si no lo has probado nunca, empieza siempre por las versiones suaves, que encontrarás en las neveras de las tiendas bio. Su consistencia de flan permite apreciarlo tal cual o integrarlo en un plato dulce o salado: añadido simplemente a una compota de fruta le dará esponjosidad, batido con hierbas aromáticas, aceite de oliva o de sésamo y salsa de soja puede servir como salsa para unas verduras crudas o hervidas, etcétera. Puede reemplazar a la nata líquida en los postres y da mucha cremosidad a los platos.

• **Los purés de frutos secos:** derivados de oleaginosos (almendras, avellanas, nueces...) que también sirven para hacer aceite, son muy grasos por naturaleza. Pero sus grasas son insaturadas (como las de los aceites) y por tanto benéficas para la salud del organismo. Pueden reemplazar al aceite, la mantequilla o cualquier otra materia grasa en todas nuestras recetas, dulces o saladas. Ofrecen un plus nutritivo gracias a su elevado contenido en vitaminas (A, B, D y E), sales minerales (calcio, magnesio, cobre, hierro...) y fibras. De todas formas, hay que tener en cuenta que son muy caros, ¡razón de más para usarlos con parsimonia!
Ideas para algunas recetas: El tahin (puré de sésamo) se integra muy bien en el humus (puré de garbanzos); un puré de frutos secos diluido en un caldo (ya sea de verdura o de ave) se convierte en una salsa untuosa; el puré de almendras diluido en agua o en leche (de vaca o vegetal, tanto monta) sirve para montar clafutís de fruta o de verdura; otros purés de frutos secos (avellanas, nueces...) pueden reemplazar a la crema y la mantequilla en los pasteles y en las galletas.

• **El agar-agar:** es un gelificante obtenido a partir de algas rojas. Se trata de una fibra vegetal soluble ca-

Las semillas

Pistachos, nueces, almendras, sésamo, etcétera, son, de hecho, frutos oleaginosos, lo que significa que podemos convertirlos en aceite, por eso tienen tanta riqueza en lípidos (o grasas): más de 50 g por cada 100 g de semillas. Sin embargo, dichas grasas vegetales tienen la ventaja de ser insaturadas, es decir, benéficas para la salud cardiovascular. El hecho de integrarlas regularmente en nuestra alimentación ayuda a disminuir el colesterol en sangre.

Estas semillas, como los aceites, contienen unas buena dosis de vitamina E, uno de los antioxidantes más preciados por el organismo. Como también contienen niveles elevados de minerales tales como magnesio (de 180 a 450 g por 100 g), hierro, fósforo, potasio, zinc, etcétera, una pequeña cantidad basta para reforzar nuestros aportes diarios. Los frutos oleaginosos también son una excelente fuente de fibra, con tasas que superan a las de la fruta fresca. Así, sería una pena no consumirlas ¡aunque sea en pequeñas dosis!

paz de inflarse por el contacto con el agua para gelificarse después. Se parece a la pectina (que se usa para hacer confituras) o a la gelatina animal (que se extrae del colágeno de los huesos de bovinos y porcinos). Como toda fibra, el agar-agar favorece la digestión, y su poder gelificante, ocho veces superior al de la gelatina, lo convierte en un alimento saciante. Se usa fácilmente en forma de polvo para un montón de recetas, como mousses de verduras o de frutas, cremas dulces o saladas, postres y salsas. Basta con disolver 2 g (o sea, 1 cucharadita) de agar-agar en 500 ml de líquido (caldo, agua, zumo de frutas...) y ponerlo a hervir durante 1 minuto para retirarlo del fuego pasado ese tiempo. Prueba este ingrediente natural y sano, desprovisto de calorías y rico en sales minerales, para aligerar tus platos.

• **El arrurruz:** esta fécula, muy fina, proviene de la raíz de una planta tropical y se compone fundamentalmente de almidón (un glúcido o azúcar lento). Se usa como el resto de féculas, como las de maíz o patata. Sirve para aglutinar salsas y postres o para disminuir la cantidad de harina de ciertas recetas, dulces o saladas (pasteleras). También pueden rebozarse con él trozos de pollo u otras aves para que conserven una textura esponjosa tras la cocción.

COCINAR CON ACEITES ESENCIALES

Estos frasquitos sorprendentes son una **alternativa natural** a los aromas artificiales. Reemplazan a las hierbas frescas (albahaca, eneldo...), a las flores (de azahar, de lavanda...)*, a los cítricos (naranja, limón...) o a las especias (vainilla, canela...). Son verdaderos concentrados de aromas y ofrecen una intensidad notable en su sabor: iunas gotitas son más que sufi-

....

*Existe el aceite esencial de rosa, pero su precio es tan alto que su uso en cocina se ve muy limitado.

Precauciones en el empleo de aceites esenciales para la alimentación:

• Utiliza **aceites esenciales bio** que respeten las normas alimentarias certificadas. (Atención: ¡algunos aceites esenciales usados en aromaterapia no pueden emplearse para la alimentación! Asegúrate de lo que ponga en la etiqueta del frasco).

• Su **consumo está desaconsejado** para mujeres embarazadas o que lactan, niños pequeños (de menos de 30 meses) y personas que presenten alguna alergia relacionada.

• El **número de gotitas** (a veces basta con una sola) indicado en la receta debe ser escrupulosamente respetado: diluye siempre las gotas antes de incorporarlas al plato. Así, de los aceites esenciales de canela, jengibre y menta, que son muy potentes, no deberemos poner nunca más de una sola gota.

• Al ser tan concentrados, los aceites esenciales no deben ingerirse jamás en estado puro (y mucho cuidado con el contacto directo con la piel,

ciente! (Véase el cuadro «Precauciones en el empleo de aceites esenciales para la alimentación», en las páginas 84-85).

Su uso permite disminuir el consumo de cloruro de sodio (sal) en muchos platos sin que pierdan sabor por ello. En lo que a postres se refiere, la dosis de azúcar se ve naturalmente reducida de la misma manera.

Otro atractivo de los aceites esenciales, más allá de sus particularidades aromáticas, es el que se refiere a su acción benéfica sobre el sistema digestivo y el sistema nervioso; y también su efecto estimulante de las defensas naturales del organismo.

Por ejemplo, la albahaca y la menta favorecen una buena digestión, la bergamota y la mandarina tienen un efecto calmante sobre el sistema nervioso, etcétera.

¿En qué tipo de platos se pueden comer?

Pues fundamentalmente en las salsas. Es ideal para reforzar los aromas de una vinagreta (véase la siguiente receta). Hay que diluir el aceite esencial en el aceite vegetal (de oliva, de girasol, de soja...).

También puedes incorporarlos en una salsa fría a base de yema de huevo, como la mayonesa, o en una salsa en la que el aceite se reemplace por un lácteo, como el yogur, así como en una salsa cóctel.

Piensa también en los adobos para carnes, pescados y aves.

En las recetas dulces y saladas, los aceites esenciales se integran preferentemente después de la cocción para que desprendan toda la potencia de sus aromas: en un puré de verdura o de patata, en una compota de fruta o en un estofado.

Para aromatizar las salsas de fruta disuelve el aceite esencial en miel o en sirope de agave. Puedes añadirlo también a las *mousses* de verdura y a platos estilo guacamole... Estos platos son radicalmente más sabrosos si les añadimos una gotita de aceite de albahaca, de tomillo o de hinojo.

Nada te impide, además, incorporarlos a los postres o en un bizcocho (¡pero siempre antes de la cocción!).

Algunas ideas:
→ Crema de huevos a la lavanda.
→ Compota de manzana con canela.
→ Mango picado con bergamota.
→ Bizcocho a la naranja.
→ Cubitos de bayas rojas con menta.

Receta
Mi «vinagreta esencial»: mezcla 1 cucharada sopera de mostaza bio a la antigua con 1 cucharadita de puré de umeboshi, 3 cucharadas soperas de vinagre de sidra, 6 cucharadas de aceite de oliva virgen, 6 cucharadas de aceite de girasol, 1 gota de aceite esencial de albahaca (o de cilantro o de estragón) y 2 vueltas de molinillo de pimienta.

Mis «truquitos esenciales»
• **Empieza por probar las aguas florales o los extractos naturales de hierbas frescas** (véase cuadro página 88), más fáciles de integrar en tus recetas dulces o saladas. En efecto, no hay necesidad de diluirlas previamente en ningún tipo de sustancia.

Además, no representan ningún problema para los niños pequeños ni para las personas sensibles.

Añádelas al final de la cocción, preferentemente, para disfrutar de todo su aroma y beneficiarte de sus principios activos. Su perfume es más ligero y su dulzor natural permite una iniciación progresiva en la cocina con aceites esenciales.

Sugerencias: incorpora agua de azahar a tus bávaros, agua de pepino en las salsas para verdura cruda, agua de canela para la pasta de creps, o un par de cucharadas de agua floral de tomillo en un litro de agua mineral para estar en forma cuando se está en período de exámenes. Para tener un plácido sueño por las noches, nada mejor que una o dos cucharadas de agua de lavanda o media cucharadita de

especialmente si se trata de una mucosa, ¡porque pueden causar daños tales como pequeñas quemaduras!): deben diluirse siempre en alguna **sustancia grasa y/o azucarada:** miel, aceite, sirope de cereales, masa de bizcocho... El agua, el caldo o la leche no sirven de mucho. Debe ser una sustancia grasa*.

• Consérvalos en un espacio oscuro, seco y fresco y cierra los frascos perfectamente después de cada uso porque los aceites esenciales son muy volátiles. Si llevan una etiqueta que haga referencia a su fecha de caducidad, verás que esta es de varios años (una media de cinco años). Pero cuidado, porque las aguas florales se conservan mucho menos tiempo (de tres a seis meses normalmente) y deben conservarse en la nevera una vez abiertas.

....

* Puedes diluirlos, por ejemplo, en sirope de arroz, sirope de agave, sirope de arce, miel, alcohol, masa para hacer bizcochos, azúcar moreno de caña (el azúcar blanco refinado enmascara el sabor de los aceites), yema de huevo, aceite de oliva...

agua de azahar en un bol de queso fresco para la cena.

• **Empieza probando las esencias** de la familia de los cítricos, menos sorprendentes que otros aceites esenciales. La de limón es estupenda para la vinagreta, la de naranja dulce para la *mousse* de chocolate...

• **Después de tu iniciación, estarás preparado para descubrir los sabores nuevos de otros aceites esen-**

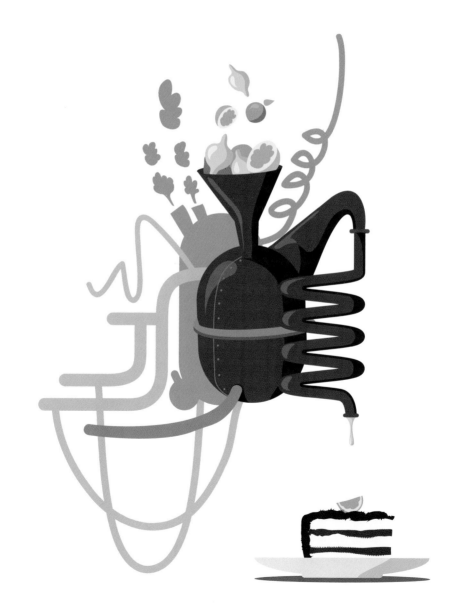

ciales. Como son más o menos diferentes de sus homólogas las aguas florales, sea cual sea la receta que estés haciendo, añade una sola gotita de aceite esencial al finalizar la cocción del plato. ¡Una gota de más puede estropear completamente un plato y hacerlo imposible de comer! Así es que más vale ir poco a poco.

• **Cuando tengas las cosas por la mano** en materia de dosificación, no dudes en mezclar varias esencias, dos o tres en el mismo plato.

Sugerencia

Para los cocineros curiosos existe una gama culinaria de extractos naturales de plantas frescas a base de aromas 100% naturales, sin colorantes, sin conservantes químicos, sin aditivos ni aromas sintéticos. Obtenidos a través de la destilación de plantas recién recogidas, los extractos se convierten en agua de frutas (melón, guayaba, plátano...), de verduras (pepino, apio, hinojo...), de plantas (cilantro, menta...) y de extractos naturales de aceites esenciales. Como vienen ya diluidos son mucho más fáciles de usar que los frasquitos de aceites esenciales. Permiten aromatizar salsas y platos, perfumar postres y sorbetes, dar el toque final a una ensalada, a un cóctel o simplemente hacer bebidas originales llenas de las múltiples virtudes de las plantas que la componen.

Para saber más:
‹www.lecarredessimples.com›

¿Cuántas gotitas hay que echar en...?

Según el uso que vayamos a darles, los aceites esenciales se dosifican con un número de gotas más o menos concreto: una o dos gotitas para los platos crudos y para cuatro o seis personas. Cuatro o seis gotitas para un plato guisado (la ratio es de una gota por persona aproximadamente).

Ejemplos:
→ 1 o 2 gotas de aceite esencial (albahaca, tomillo...) por cada 250 ml de aceite de oliva en una vinagreta.
→ 1 gota de aceite esencial en un yogur o en un trozo de queso fresco.
→ 1 gota de aceite esencial (canela, albahaca...) diluido en un puré de frutos secos (almendras, por ejemplo) o en aceite vegetal para una crema de verduras o de fruta.
→ 2 gotas de aceite esencial para 800 g de compota de fruta o de puré de verdura casero.
→ 2 gotas de aceite esencial (de lavanda, de geranio...) para una *mousse* de fruta o de chocolate, un postre (crema catalana, bávaros...) o un plato salado para 4 personas.
→ 2 a 4 gotas de aceite esencial (lavanda, romero...) para aromatizar un tarro de 500 g de miel.
→ 4 a 6 gotas de aceite esencial (naranja, vainilla, bergamota...) para un pastel dulce.

La combinación de dos o tres aceites esenciales se hace de la siguiente manera: 2 gotas de uno y 2 gotas de otro en una misma receta, por ejemplo.

¿Qué diferencia hay entre los aceites esenciales, las esencias y las aguas florales?

Con la destilación de una planta aromática o una flor se pueden obtener dos productos: el **aceite esencial,** no soluble (flota en la superficie de un líquido), y el **agua floral,** principalmente formada por agua y, por tanto, menos concentrada que el aceite esencial.

El agua floral no requiere las mismas precauciones de empleo que el aceite: la puede tomar todo el mundo, incluidos los niños pequeños y las mujeres encintas, y su dosificación no se hace con cuentagotas. Puedes utilizar una cucharadita de agua floral para 250 g de masa o de líquido y una cucharada sopera para una compota (para cuatro personas) o bien dos cucharadas soperas para un litro (de agua, de leche...).

El término «esencia» se aplica a la familia de los cítricos: limón, naranja, pomelo, mandarina, bergamota, naranja amarga... Contrariamente a los aceites esenciales, obtenidos por destilación, las esencias se obtienen por expresión, lo cual hace que se conserven menos tiempo. Tienen la ventaja, sin embargo, de transmitir el perfume de las cáscaras sin incorporar la acritud ni la acidez de los zumos.

Puedes utilizarlas, por ejemplo, para reemplazar a un zumo de naranja o de pomelo en una ensalada de fruta o en un bizcocho. Si se asocia con almidón (de harina o de cereales como el arroz o la sémola), la esencia de cítricos favorece la digestión (cosa que no ocurre con los zumos porque son demasiado ácidos).

La cocina bio

La buena elección de los alimentos es una etapa importante en la actitud bio. De todas maneras, comprar alimentos bio de calidad, con un fuerte potencial nutritivo, no es suficiente para encontrar todas las maravillas gustativas y los tan buscados beneficios para la salud en nuestros platos. Una vez hecha la compra, esta debe conservarse adecuadamente y luego prepararse con ciertas precauciones, tanto si se trata de alimentos crudos como de alimentos guisados.

LA CONSERVACIÓN DE LOS VEGETALES

El primer punto y más importante es **comprar** los comestibles perecederos **en pequeñas cantidades.**

Este consejo, lógico a priori, no es tan fácil de seguir cuando se hace la compra una vez por semana. Pero lo mejor es consumir la fruta y la verdura lo más frescas posibles, el mismo día de la compra o un par de días más tarde como mucho.

Para **ponerlo en práctica,** empieza la semana con la fruta y la verdura que hayas comprado el fin de semana. Para el resto de la semana, no te apures si comes verdura congelada o en conserva. Existen conservas y congelados bio. Evidentemente, su sabor nunca es igual al de los productos frescos, pero por razones de tiempo y comodidad **más vale hacer malabarismos con los diferentes modos de conservación** y consumir congelados y conservas que no quedarse sin comer fruta y verdura. Debes saber que las propiedades nutritivas (vitaminas y minerales) de los congelados son muy parecidas a las de los productos frescos, si bien las conservas pierden más nutrientes. Es decisión tuya cómo variar los modos de preparación de lo que compras fresco y lo que tienes congelado.

¿Son los congelados más nutritivos que los alimentos frescos?

La fruta y la verdura congeladas se acondicionan de este modo al poco rato de ser recolectadas, en muchas ocasiones en el mismo sitio donde las cultivan.

El proceso de congelación no entraña más que una mínima pérdida de nutrientes, así que la fruta y la verdura congeladas siguen manteniendo un alto contenido en vitaminas y minerales. No pasa lo mismo con muchas frutas y verduras frescas, que entre que son recogidas, embaladas, transportadas y vendidas en el mercado, cuando llegan a tu plato pueden haber pasado días ¡e incluso semanas! Y a partir del momento en que se ha cogido la verdura o la fruta, va perdiendo progresivamente sus vitaminas, y eso sin contar con la forma más o menos cuidadosa con que sea embalada y transportada.

¿Qué pasa con los productos bio congelados?

Sin duda son considerados como herejías por los puristas, pero también se pueden encontrar congelados bio en las neveras de los comercios. Los consumidores bio asiduos no los desprecian en absoluto. Sin lugar a dudas, echan una valiosa mano en la cocina. A menudo están listos para usar y no es necesario lavarlos ni pelarlos ni cortarlos. Por otra parte, ofrecen un aspecto más bonito porque la congelación fija colores además de sabores y nutrientes. Lo que hay que averiguar es si los productos congelados responden verdaderamente a las exigencias ecológicas que deben ser indisociables de todo producto bio. Parece ser que sí: la compra de verdura congelada en el lugar de producción evita la importación de esa misma clase de verdura de la otra punta del mundo para poder venderla fuera de temporada, así como el gasto de la energía que se necesita para ello. En cuanto a los congeladores, los de hoy día son más ecológicos que los de hace unos años.

Mi consejo

Considera que se trata de una oferta la mar de práctica, sin que ello implique renunciar a la fruta y la verdura frescas de temporada. Prioriza los alimentos no transformados como espinacas enteras, flores de brócoli, etcétera, antes que las verduras precocinadas (espinacas a la crema, gratinados de calabacín, verduras variadas a la parrilla...) y haz los platos en casa.

Lo que hay que hacer o evitar con la fruta y la verdura

Aunque sea ecológica, la verdura requiere ser lavada o enjuagada con un **cepillo vegetal suave.** Esta precaución no le hará perder sus antioxidantes pero hará que desaparezcan residuos de tierra o de polvo. En cualquier caso, nunca la dejes en remojo: las vitaminas y las sales minerales son hidrosolubles, ¡así que se quedarán en el agua que tirarás por el fregadero! Un chorrito de agua del grifo bastará para enjuagarla.

Intenta, siempre que sea posible y la receta lo permita, conservar la piel, rica en polifenoles (pigmentos) y vitaminas. A título indicativo, la piel contiene generalmente, ella sola, la mitad de los antioxidantes de una fruta o verdura. Cuando el alimento en cuestión tenga que pelarse sin más remedio, no hay que preocuparse porque la pulpa también contiene antioxidantes y otros elementos nutritivos (así como glúcidos).

Una cosa sí es segura: comer la fruta con piel, incluida la de los cítricos, no representa ningún peligro. Pueden ser ralladas, picadas, etcétera, preferentemente en el último momento antes de servir.

Legumbres (o leguminosas) y oleaginosos en remojo

Al contrario que la verdura fresca, las legumbres (lentejas, garbanzos, alubias...) deben ponerse en remojo. A este proceso se le llama «pregerminación» y presenta diversas ventajas. Para empezar, favorece la digestión. La legumbre se caracteriza por su riqueza en almidón o glúcidos (azúcares) complejos y, en menor dosis, por las proteínas vegetales. Para poder ser asimiladas por nuestro intestino, sus voluminosas moléculas tienen que ser reducidas a pequeñas unidades: glúcidos simples y aminoácidos (en el caso de las proteínas). Poner la legumbre en remojo durante unas cuantas horas sirve para ir adelantando ese trabajo (neutralizando las enzimas que inhiben la germinación) y aliviar el trabajo a nuestro tubo digestivo. Importante: el valor nutricional de la legumbre permanece intacto con el remojo.

Paralelamente, la «biodisponibilidad» de sales minerales presentes en la legumbre de manera natural aumenta (los factores de inhibición disminuyen con la germinación): nuestro organismo se beneficia así de una mayor cantidad de calcio, magnesio, hierro, zinc, etcétera. En cuanto al tiempo de cocción, disminuirá notablemente.

Respecto a los oleaginosos (nueces, almendras, avellanas...), esta etapa previa de remojo les dará mayor frescor al eliminar la fina película que los recubre, a menudo un tanto áspera. Serán también más digeribles y darán menos problemas a las personas sensibles.

LA COCCIÓN: CON MODERACIÓN

Si bien no se recomienda comer exclusivamente alimentos crudos (porque sus fibras resultan irritantes para las paredes del intestino en grandes cantidades), conviene su presencia en nuestros menús. ¿Por qué? Simplemente porque la cocción destruye en parte la vitalidad potencial de los alimentos: especialmente en lo referente a su contenido en vitaminas y sales minerales. La cocina bio presta especial atención a las cocciones para limitar la pérdida de elementos nutritivos útiles y respetar al máximo los alimentos. Deben tenerse en cuenta tres criterios: el tiempo de cocción, la temperatura de la cocción y la forma de cocción. Cuanto más largo es el tiempo de cocción, más nutrientes se pierden en el proceso. El tiempo de cocción jamás debe prolongarse más tiempo del necesario. La temperatura juega también un rol importante en el deterioro de los alimentos, en la «oxidación», que en algunos casos produce moléculas tóxicas indeseables (como los benzopirenos). El caso más conocido de deterioro tóxico de este tipo es el de la carne quemada tras una cocción en barbacoa, por ejemplo. A menudo no se tiene en cuenta, pero los fritos, los rustidos, los horneados y el simple hecho de guisar una carne en aceite a altas temperaturas ¡producen fenómenos de oxidación similares!

Para evitar o limitar dichas pérdidas, la cocina bio prioriza las cocciones a temperaturas razonables, no agresivas y de duración limitada (adaptadas a cada

¿Es el tomate igual de bueno crudo que guisado?

• **Crudo, por su vitalidad.** Para aprovechar su vitamina C (20 mg/100 g) es mejor comerlo crudo. Comer tres tomates crudos al día cubre completamente las necesidades diarias de vitamina C.

• **Guisado, para protegernos del envejecimiento.** Excelente fuente de licopenos, el tomate presenta uno de los niveles más altos de este antioxidante, que protege nuestras células y evita su degeneración. Esta característica resulta aún más eficaz cuando el tomate sufre un proceso de cocción. Además, se absorbe mucho mejor cuando se asocia con aceite.

• **Tanto crudo como guisado, por sus minerales.** En ensalada, con verdura como guarnición o convertido en salsa, el tomate es una fantástica fuente de potasio (226 mg/100g), de magnesio (11 mg/100g), de fósforo (24 mg/100g), de hierro, de cobre...

A título indicativo

La col:
→ Cocida 10 minutos pierde el 20% de la vitamina C.
→ Cocida 1 hora pierde el 70%.

La cocción al vapor del brócoli conserva más del 70% de su vitamina C, mientras que al hervirlo en agua se deja apenas un 50% de las vitaminas inicialmente presentes (siempre a causa del carácter hidrosoluble de las vitaminas, del cual ya hemos hablado).

Así, un brócoli contiene:
→ 76 mg de vitamina C por cada 100 g en crudo.
→ 58 mg de vitamina C por cada 100 g cocinado al vapor.
→ 35 mg de vitamina C por cada 100 g hervido.

alimento). Y para evitar la pérdida de vitaminas y sales minerales hidrosolubles (solubles en agua), las cocciones emplean el mínimo imprescindible de agua.

De hecho, el verdadero error en el hervido de la verdura consiste en... ¡tirar el agua! La mayor parte de los micronutrientes se quedan en el agua. No pasa lo mismo en un estofado o un potaje, porque nos tomamos el caldito, que es lo más nutritivo. Por el contrario, cocer judías verdes durante mucho rato en una olla llena de agua es una verdadera pena. Privilegia pues la **cocción suave al vapor,** sobre todo para la verdura y el pescado, con una olla especial para cocer al vapor o una cesta de bambú colocada sobre una cacerola con agua hirviendo. Hay que vigilar el fuego para que la ebullición no sea tan fuerte como para que el agua llegue a la cesta que contiene los alimentos. Los que prefieren no estar todo el día pegados a las ollas, pueden usar un recipiente eléctrico que nunca pase de los 100 ºC. Existen buenas ollas eléctricas compartimentadas que evitan la difusión de olores y la mezcla de los mismos entre alimentos diferentes.

Para los **estofados** opta por ollas hondas con un fondo bien grueso y resistente, de arcilla o de acero inoxidable 18/10 icon garantía de por vida! Añade entonces una pequeña cantidad de líquido (un vaso de agua o de caldo de verdura, de ave...) para hidratar los alimentos y tapa la olla para evitar la evaporación del líquido, de los aromas y de los sabores. El líquido será absorbido en parte por los alimentos y el resto lo podrás consumir con todos los nutrientes que contiene (cosa que no ocurre cuando hervimos y tiramos el agua al fregadero).

El uso del **wok** en buenas condiciones, es decir, removiendo la comida constantemente para favorecer la cocción de todos los ingredientes sin incrementar la fuente de calor, permite también elaborar platos deliciosos.

En cuanto a **sartenes y cacerolas,** cómpralas de calidad, antiadherentes y gruesas. En estos casos no se trata de guisar sin aceite, sino de usar dosis moderadas de materia grasa buena (véase la página 78). La cocción a fuego moderado sigue siendo la norma a seguir para evitar que las grasas se quemen (el aceite no debe oscurecerse ni humear) y que los alimentos se degraden.

Idénticas precauciones deben tomarse para los **horneados.** No programes el horno por encima de 180 ºC y mira hacia las nuevas tecnologías: hornos de calor envolvente o con vapor. En ese caso, una temperatura inferior a 100 ºC pero más larga, deja las carnes y las aves más jugosas porque impide que las fibras se apelmacen: ¡el tamaño del rustido apenas disminuye! Está claro que un microondas no da el mismo resultado ni en el plano gustativo ni en el nutritivo porque funciona de manera acelerada. Su uso no es muy apreciado en la cocina bio.

De todos modos, esto no quiere decir que no podamos usar los otros modos de cocción, incluso los más agresivos. Sólo se trata de no abusar de ellos, porque dan problemas a medio plazo.

Como conclusión, no te centres en un único tipo de cocción porque te cansarás de las comidas; debes **variar**

hammam 3000

Importante: la cocción con vapor suave es diferente de la cocción al vapor con olla a presión. Como la cocción a presión acelera el tiempo (un minuto en olla a presión equivale a diez minutos de cocción normal), es conveniente no dejar las verduras más tiempo del necesario para que no pierdan sus propiedades vitamínicas. En la actualidad, las ollas rápidas a presión preservan bien la calidad nutritiva de los alimentos porque no suelen superar los 112 °C.

las formas de cocinar para mayor regocijo de tus papilas gustativas.

LOS ALIÑOS: LA JUSTA DOSIS DE SAL Y DE AZÚCAR

Una alimentación demasiado salada contribuye al aumento de la presión arterial, al riesgo de padecer osteoporosis y además a doblar la posibilidad de padecer cáncer de estómago.

Por estas razones, la reducción de la sal en la dieta es más que recomendable para prevenir dichas dolencias en la población general y en particular para las personas obesas, los hipertensos, los diabéticos y todos aquellos que presenten algún problema cardiovascular. Por otra parte, la sal no tiene valor calórico.

Estimula el apetito y causa retención de líquidos, pero no aumenta la reserva de grasas. En la cocina bio, la elección de la sal tiene una especial importancia: no existe la sal bio propiamente dicha, pero el empleo de sal gris no refinada (véase página 73) procura un plus de sabor y una mayor riqueza en sales minerales. Por eso, una dosis menor permite salar correctamente los alimentos. Aquí presento algunos trucos para emplear la sal de forma adecuada:

• **No suprimas la sal en la cocción** de los alimentos. Añádela al agua de cocción de la pasta o del arroz a razón de una cucharadita (5 g) por cada litro de agua.
• Sala moderadamente los alimentos **antes de guisarlos** para que la sal penetre en ellos. De ese modo resaltará su perfume y exaltará su sabor.
• Cuando una misma receta integre **alimentos ricos en sal,** limita el uso de la misma. Es el caso de la salsa de soja, de algunos quesos, de los pescados ahumados (salmón, arenque, trucha...), de la panceta, etcétera.
• Acostúmbrate a salar moderadamente los platos y a compensar la falta de sal con **hierbas aromáticas.**
• **Evita poner el salero en la mesa** sistemáticamente o acabarás salando de más todos los platos.
• **Procura comer mucha verdura y fruta** en tus ingestas, ya que su riqueza en potasio frena los efectos nefastos del sodio presente en la sal; es lo que ocurre, por ejemplo, en la combinación de melón con jamón, de la lechuga con el queso...

Endulza naturalmente: el azúcar añadido a los lácteos y a los postres y el contenido en la mayoría de galletas y dulces no es en absoluto necesario para nuestro equilibrio nutricional. Pero de ahí a suprimirlo... ¡eso sería un crimen! Lo mejor es seleccionar un azúcar lo más natural posible y aprender a integrarlo bien en nuestras recetas para poder conciliar capricho y alimentación sana.
Basta con probar un **azúcar integral** para comprender estas recomendaciones: nada que ver con el azúcar blanco refinado, que parece insípido... Aún siendo bio, la gama de variedades es amplia. Existen todo

¿Se puede recalentar la comida?

Diferentes estudios prueban que cuanto más tiempo se mantenga caliente un plato, más nutrientes va perdiendo (especialmente en lo que a vitaminas se refiere). Del mismo modo, las entradas y salidas de platos de la nevera para recalentarlos empobrecen los alimentos notablemente. Por estas razones, no deberíamos recalentar la comida: intenta preparar la cantidad adecuada y sírvela inmediatamente.

Sugerencias dulces y saladas

→ **Sopa fría de verduras:**
  bate 2 remolachas cocidas +
  2 cucharadas soperas de aceite
  de nuez + 1 cucharada sopera
  de vinagre de manzana +
  1 cucharadita de jengibre
  fresco, rallado + 8 cl de crema
  de soja + 1 pizca de pimienta.
  Añade luego, poco a poco,
  5 o 10 cl de agua.
→ **Salsa para verduritas crudas:**
  diluye 1 cucharada sopera de
  puré de nueces en
  1 cucharadita de salsa de soja
  y un chorrito de leche de avena
  con hierbas aromáticas.
→ *Smoothie* **dulce:** bate 3 kiwis
  con 2 cucharadas soperas de
  sirope de arroz y 2 yogures
  bífidus.
→ **Salsa dulce de fruta:** bate en
  un bol compota de manzanas
  (o de peras) + 1 cucharada
  sopera de puré de avellanas +
  1 chorrito de leche de arroz.

Sugerencias para zumos «dulci-salados»

→ Zanahorias + manzana ácida +
  ramita de apio
→ Pepino + melocotón de viña +
  menta
→ Remolacha + zanahoria +
  manzana
→ Piña + zanahoria + fresas

tipo de tonalidades en el azúcar moreno de caña, desde la más oscura a la más dorada. Nada te impide usar todas la variedades: una tonalidad rubia para un yogur, la más oscura para un postre... Puedes hacer todas las combinaciones que te apetezcan. Aprende a dosificarlo bien: constatarás que una menor cantidad de azúcar te basta para endulzar adecuadamente.

Hay otros ingredientes que nos permiten endulzar los platos, como **la miel y los siropes** de cereales o de otros vegetales (arroz, agave, arce...). Dan un ligero toque ambarino a los diferentes alimentos que endulzan ¡y un sabor incomparable! Permiten reducir la cantidad inicial de azúcar en los platos porque poseen un poder edulcorante superior al de la sacarosa. Añádelo, por ejemplo, en recetas como el arroz con leche o en la pasta para creps, en bizcochos y pasteles, etcétera. El sirope de agave es el único que debe incorporarse tras la cocción, de lo contrario perderá su poder para endulzar. Puedes ponerlo en las salsas de fruta ¡y queda de maravilla! Son menos calóricos y más ricos en sales minerales y fibras, así que lo tienen todo para seducirnos.

LOS UTENSILIOS

Además de los utensilios para la cocción (citados en capítulos precedentes), recordemos que **una licuadora** o **una batidora** para la fruta y la verdura, e incluso para las hierbas aromáticas, tienen una plaza de honor en la cocina bio.

Para la elaboración de batidos caseros, salados o dulces, la batidora tiene mucha importancia: *smoothies*, *mousses* de verdura, de fruta, gazpachos...

Por otra parte, para una limpieza eficaz de la fruta y la verdura, debes tener en casa **un cepillo vegetal suave de calidad.**

¡Para cortar, una mandolina te salva la vida! Permite cortar de forma elegante todas las verduras crudas: en juliana, a láminas...

Consigue también una **balanza eléctrica.** Las hay que pesan al gramo y no son mucho más caras que las otras. Su precisión no tiene nada que ver con los vasos medidores y permite elaborar recetas sutiles que reclamen mucho rigor en las dosis.

Una vez pertrechados con todos los elementos, es posible que el resto de utensilios parezca tener menos importancia. ¡Craso error! Buenos cuchillos de cocina, pinceles de silicona y otros artículos por el estilo nos facilitarán mucho las cosas a la hora de cocinar. Pero recuerda que tampoco hay que pasarse, todas estas cosas se van comprando a medida que las vamos necesitando.

Menús bio para todo momento

LOS DESAYUNOS BIO

Como ya he explicado en el capítulo 2 (página 23), un desayuno bio y equilibrado se compone de un lácteo, una bebida, un cereal y una pieza de fruta.

A estos cuatro elementos principales se les pueden añadir dos categorías de ingredientes más: un poco de materia grasa y un producto dulce. Estos no son indispensables pero son muy agradables y complementan a los lácteos y las tostadas.

Sin embargo, consumir todos estos alimentos en el desayuno no es fácil para todo el mundo. Muchas personas, por ejemplo, desayunan penosamente entre semana por falta de tiempo y los fines de semana se ponen las botas en el desayuno. Según las circunstancias y las apetencias de cada momento, la primera ingesta del día variará. Las cosas deberían ser así:

- «Desayuno completo» para una larga mañana de actividad intelectual.
- «Desayuno energético» cuando se prevé una mañana con ejercicio físico.
- «Desayuno ligero» cuando no tenemos hambre o nos hemos levantado tarde.

Para que te hagas una idea de cómo pueden ser estas opciones en la práctica, te presento algunas sugerencias de menús bio para el desayuno.

Desayuno bio «completo»

Esta fórmula contiene todos los elementos «esenciales», y pueden ir acompañados o no de los elementos «opcionales». La selección de alimentos puede variar de una mañana a otra en el seno de una misma categoría de alimentos: un día rebanadas de pan, otro día copos

No lo recalcaremos a cada momento, pero se entiende que cada uno de los elementos a los que aludiremos debe ser bio en la medida de lo posible. Así, para un verdadero desayuno bio, beberemos té bio, tomaremos un lácteo bio, muesli bio, pan bio con mantequilla bio, fruta bio, etcétera.

Así que, ¡buen bio-provecho!

de cereales... Las cantidades se calcularán en función del apetito, aunque seremos moderados con los alimentos opcionales; pero en ningún caso deberán pesarse los alimentos. La atención que pongas mientras comes servirá de barómetro a tu estómago: saborea lo que estás comiendo y deja de comer cuando notes los primeros síntomas de saciedad (aunque no te lo hayas comido todo). Adáptate a cada situación.

SUGERENCIA Nº 1
→ **Té**
→ **Lácteo**
→ **Muesli**
→ **Fruta fresca**
• En el caso de este desayuno, la materia grasa en forma untable (mantequilla o puré de frutos secos) no tiene soporte en el que ser untada, así que la podemos sustituir por unos cuantos frutos secos en el muesli, si es que no los contiene ya. Unas cuantas avellanas, unas almendras...
Ejemplo: té verde japonés con un yogur bífidus natural, muesli con pasas y avellanas con rodajitas de plátano.

SUGERENCIA Nº 2
→ **Té**
→ **Lácteo**
→ **Pan con materia grasa untable**
→ **Fruta fresca**
• Para acompañar el pan, un poco de mantequilla o de puré de frutos secos será ideal. El lácteo puede acompañarse de trocitos de fruta fresca, que lo endulzarán de manera natural.
Ejemplo: té verde, rebanadas de pan con puré de almendras blancas, queso fresco con ensalada de frutas de temporada.

SUGERENCIA Nº 3

→ Té

→ Lácteo

→ Pan con un untable dulce

→ Fruta fresca

• El pan queda muy bien con un producto azucarado como la miel, la mermelada sin azúcar añadido o la confitura. En caso de tomar una de las dos últimas, la fruta fresca verá su cantidad reducida (escogiendo, por ejemplo, una pieza de fruta pequeña), pero deberá estar presente para conseguir el aporte de vitamina C diario, ya que esta está prácticamente ausente en la fruta cocida y azucarada.

Ejemplo: tisana de rooibos, queso de cabra con trocitos de kiwi, rebanadas de pan de espelta con mermelada.

¿Debemos evitar el gluten?

Solamente las personas que presentan una intolerancia al gluten («enfermedad celiaca»*) deben evitar los alimentos que lo contengan. Esta proteína se encuentra en las semillas de algunos cereales como el trigo (por lo tanto también la espelta y el kamut), la cebada, la avena y el centeno. En lugar de ser digerido normalmente, el gluten causa graves lesiones en el intestino de las personas celiacas (elimina las vellosidades) que le impiden absorber los nutrientes del resto de alimentos ingeridos. Actualmente, esta dolencia afecta a una persona de cada cien**. Normalmente se diagnostica en la infancia, pero puede desarrollarse en personas adultas; así mismo, su intensidad varía hasta tal punto que muchas personas la sufren sin saberlo. Como el gluten se encuentra «escondido» en un montón de alimentos y preparados alimenticios comerciales, toda persona intolerante al mismo debe estar muy alerta. Existen gamas de productos especiales «100% libres de gluten».

* Se trata de una enfermedad autoinmune y no de una alergia.
** Fuente: EUFIC (Consejo Europeo de Información sobre la Alimentación).

SUGERENCIA Nº 4
→ Leche
→ Copos de cereales
→ Fruta fresca

• Si la leche constituye la bebida del desayuno, puedes añadirle unos copos de cereales sin azúcar añadido o ligeramente endulzados con azúcar moreno de caña o cacao en polvo. Escoge una fruta fácil de digerir, que no irrite el intestino y que combine bien con la leche, como la pera, la manzana o el plátano, antes que los cítricos (limón, naranja, pomelo...).
Ejemplo: tazón de leche descremada con cacao y cereales variados (trigo, quinoa...), más una pera.

SUGERENCIA Nº 5
• Si dispones de suficiente tiempo, el desayuno completo te permite integrar platos caseros. Los componentes esenciales y los optativos pueden asociarse en deliciosas recetas tales como las creps de copos de cereales, las cremas de arroz o de quinoa, los *smoothies* de leche de almendras con fresas, la *mousse* de queso fresco con macedonia de fruta fresca (manzana Granny Smith, mango, piña...).
Ejemplo:
• *Smoothie* de leche de almendras con fresas y galletas de copos de quinoa.
• Té verde, mousse de queso fresco con macedonia de fruta fresca y un panecillo de muesli.

Desyuno bio «energético»

La energía que el cuerpo necesita para activarse físicamente sale fundamentalmente de **los cereales** (o algún equivalente). Estos contienen glúcidos, un carburante indispensable para nuestros músculos. Por otra parte, cuando la actividad física se prolonga o intensifica, como en el caso de los deportes de resistencia (bicicleta, maratones, marcha, natación...), el cuerpo puede echar mano de las reservas de grasas (o reservas de lípidos). Por esta razón, un aporte extra de **materias grasas** puede ser necesario en algunos casos. Paralelamente, nuestro dinamismo corporal y psíquico se alimenta de numerosos elementos nutritivos, tales como las vitaminas, las sales minerales o

los oligoelementos que se encuentran en la fruta fresca y seca, en los cereales integrales, en las semillas y los purés de oleaginosos. ¡Por eso interesa no olvidarse de ellos en las comidas, especialmente en los desayunos «energéticos»!

En la práctica, este tipo de desayuno suele contar con una buena cantidad de cereales/pan/féculas y a veces puede combinar dos alimentos de la misma categoría en la misma ingesta: muesli con unas rebanadas de pan, por ejemplo.

Los azúcares de rápida asimilación cuentan con un sitio en estos desayunos, como pueden ser los de los frutos secos. Sin embargo, no debemos sobrevalorarlos: son interesantes justo antes de una actividad física y justo después de la misma para recuperarse mejor.

La materia grasa no es optativa en este caso, sino que debe estar siempre presente, controlando las dosis, claro está. En este caso también son bienvenidas las recetas caseras, si es que podemos consagrar un poco de tiempo a su elaboración: bizcochos de frutos rojos, sémola con pasas, bizcochitos de zanahorias y nueces, batidos de leche de arroz con puré de avellanas...

ALGUNAS SUGERENCIAS:

• Zumo de naranja, rebanadas de pan con puré de pera, yogur con arroz inflado.

• Batido de leche de arroz con puré de avellanas, copa de frutos rojos y panecillo rústico.

• Té verde, sémola con leche y pasas con puré de kiwis.

• Bebida caliente, yogur con copos de cereales y rodajas de plátano, rebanadas de pan con mantequilla.

Desayuno bio «ligero»

Cuando la mañana se anuncia corta porque nos hemos levantado tarde o cuando no tenemos hambre

¡Reunión!

es inútil forzar la situación y pretender darse un atracón. En ocasiones, uno o dos elementos del desayuno matinal bastan para empezar la jornada sin quedarse sin fuerzas en poco tiempo. El estómago tiene la facultad de tener paciencia durante unas cuantas horas, especialmente cuando la cena ha sido copiosa o tardía (cosa que debes evitar siempre que sea posible porque es un hábito pernicioso). Por otra parte, si se te despierta el apetito entre horas, nada te impide hacer una pequeña colación para aguantar hasta la hora de comer. Llévate contigo un elemento propio del desayuno por si lo necesitas a lo largo de la mañana.

SUGERENCIA Nº 1
→ **Zumo de fruta**
→ **Panecillo individual de cereales**
→ **Colación por si la necesitas:** lácteo, del tipo yogur bífidus o de vainilla

SUGERENCIA Nº 2
→ **Bebida caliente**
→ **Tostadas con mermelada de fresa**
→ **Colación por si la necesitas:** manzana (y/o lácteo)

SUGERENCIA Nº 3
→ **Bebida caliente**
→ **Queso fresco y fruta fresca a trozos**
→ **Colación por si la necesitas:** panecillo individual con muesli

LAS CUATRO «FÓRMULAS» PARA ALMORZAR Y CENAR

Para guiarte en la composición de tus menús bio y simplificar su elaboración, **aquí tienes cuatro «fórmulas» equilibradas.** Las dos primeras están más adaptadas a las comidas y las dos siguientes a las cenas, pero según las circunstancias pueden invertirse. ¡Puedes variar estas fórmulas como te parezca!

Batido matinal rosa

Para 4 personas
Aporte calórico: 114 kcal/per.
Preparación: 5 min.

400 g de fresas • 1/2 pomelo • 1 plátano • 40 cl de leche de almendras (o de soja con vainilla) • 4 cucharaditas de muesli con frutos rojos sin azúcar añadido.

Corta el plátano a rodajas y riégalo con el zumo del pomelo. Lava las fresas y reserva 4. Ponlas en la batidora, añade las rodajas de plátano con el zumo de pomelo y la leche de almendras. Bátelo todo. Reparte el batido en 4 vasos y espolvorea cada uno de ellos con una cucharadita de muesli con frutas rojas y decóralo con una fresa en el borde.

Lo + dietético: Para empezar bien el día, la asociación de fruta cruda con leche vegetal, en batido, favorece la digestión y nos permite disponer de vitaminas y sales minerales rápidamente. El muesli aporta una nota crujiente y energética. Este batido puede constituir también un postre tras una comida ligera o un tentempié.

FÓRMULA 1 Animal	FÓRMULA 2 Marine	FÓRMULA 3 Mixta	FÓRMULA 4 Vegetal
Carne o **Ave** o **Jamón** o **Huevo**	Pescado (blanco o **azul**) o **Marisco**	Cereales y/o **Leguminosas** y **Un poquito de carne** (o un equivalente)	Cereales (2/3) y/o **Leguminosas**
Verduras (crudas o cocidas) y/o **Fruta** (cruda o cocida)			
Cereales y/o **Un poco de pan**	Un poco de pan (optativo)		
Lácteo	Lácteo o **Queso**		
Aceite (para aliñar y para guisar) **Mantequilla o margarina**			

Para las cuatro fórmulas:

• Puedes comer **una pieza de fruta además de la verdura** en el mismo menú o guardarla para una colación entre horas por la tarde.

• Alterna **crudo y cocido** para la verdura de un menú: verdura cruda con fruta cocida o verdura cocida y fruta cruda, para así facilitar la digestión de las fibras y garantizar un aporte suficiente de vitamina C (presente sólo en los vegetales crudos porque se destruye con el calor).

• Si la guarnición de un plato **consiste en cereales,** podemos **obviar el pan,** ya que este también aporta glúcidos (y si quieres comer pan, pues no comas cereales en la misma ingesta).

• Prioriza las **materias grasas vegetales** (aceite de oliva, de soja, de girasol, margarinas) porque sus ácidos grasos insaturados tienen un efecto favorable para la salud cardiovascular.

• Si añades **semillas oleaginosas** (frutos secos como almendras, avellanas, nueces...) a tus platos, modera entonces la cantidad de materias grasas presentes en el menú.

• Las féculas o el pan se encuentran a menudo presentes en las guarniciones saladas del plato principal, pero también pueden servir de entrantes (tabulé, ensalada de patatas, sopa de lentejas...) o como postres (arroz con leche, crema de quinoa, bizcocho con frutas...).

Comidas bio «fórmula animal»

Esta fórmula es preferible para el mediodía, tres veces por semana como mucho y en alternancia con la «fórmula marina».

Es preferible ingerir proteínas animales en la comida en lugar de en la cena (en la medida de lo posible) porque se fijan mejor en el organismo en ese momento del día (este consejo es importante particularmente para las personas mayores, cuya degeneración muscular está lamentablemente programada).

Alterna la carne con las aves, el jamón y los huevos a lo largo de la semana. En cuanto a la carne, intenta

¿Cuáles son las propiedades nutritivas de una harina bio?

Las semillas de los cereales se muelen en molinos de piedra, más lentos que los cilindros metálicos utilizados clásicamente por la industria. Así, la harina bio obtenida contiene también el germen del grano y su envoltorio se mantiene, aunque finamente molido. El resultado es que la harina está significativamente enriquecida con los elementos nutritivos que mantiene tras el molido (vitaminas, sales minerales y fibras). ¡Las virtudes nutricionales del cereal se conservan íntegramente!

La otra ventaja de las harinas bio es la referida a su grado de refinado. Así, las harinas suelen llevar una letra «T» (de tipo) y una cifra más o menos elevada, según su contenido en sales minerales: T150 para la harina integral, T110 para la harina morena, T80 para la semiintegral, T65 para la de pastelería y T55 o T45 para las harinas blancas corrientes.

Carne, aves, jamón
o huevos

+ Cereales

+/– Pan

+ Verdura cocida (judías
verdes, por ejemplo)

+/– Verdura cruda
(por ejemplo pepino)

+ Materias grasas

+ Lácteo (yogur
o queso fresco)

+/– Fruta cruda (si no hay
verdura cruda)

+/– Fruta cocida (si no hay
verdura cocida)

también alternar el tipo de animal que ingieres (ternera, cordero, cerdo...) y sus derivados en embutido para poder aprovechar las virtudes nutritivas de cada uno de ellos.

¿Con qué?

• Con una **carne** o su equivalente puedes tomar una guarnición compuesta únicamente de **verdura verde** (en ese caso representará la mitad del plato) o de una mezcla de **cereales** (o su equivalente) y verdura verde, sobre todo si ya estás acostumbrado a comer verdura de primero.

• Es preferible un **lácteo** –un yogur o leche o queso fresco– antes que el queso, porque este aporta un plus de lípidos (grasas) que ya estarán presentes en la carne o su equivalente. Como se trata de grasas saturadas, más vale limitar el exceso de las mismas en una sola ingesta.

Ejemplos de menús:

• Filete a la plancha con granos de mostaza, menestra de verduras, yogur bio de vainilla, carpaccio de piña fresca.

• Ensalada de remolacha cruda rallada, ternera a la naranja, zanahorias y patatas, queso fresco.

• Estofado de conejo con cebolla, polenta de tomate y sopa de fruta fresca.

• Tortilla de champiñones, ensalada de brotes y bizcocho de manzana y canela con queso fresco.

• Brocheta de cordero con salsa de yogur y pepino a las finas hierbas (cilantro, menta...), bulgur con dados de calabacín y ensalada de cítricos con azahar.

- ◤ Pescado blanco o azul o marisco
- \+ ◤ Cereales
- +/– ◖ Pan
- \+ ◣ Verdura cocida
- +/– ◣ Verdura cruda
- \+ ◤ Materia grasa
- \+ ◓ Lácteo suave si el pescado es azul
- +/– ✎ Queso si el pescado es blanco o si es marisco
- +/– ● Fruta cruda (si no hay verdura cruda)
- +/– ● Fruta cocida (si no hay verdura cocida)

Comidas bio «fórmula marina»

Tres o cuatro veces por semana incluye pescado (o un equivalente) en el menú y procura que dos de ellas sean pescado azul (sardinas, boquerones, caballa, atún, salmón...), interesante por su omega-3, y una pescado blanco, porque es pobre en calorías. No te olvides de los mariscos, por lo menos una vez cada quince días.

¿Con qué?

• Con un **pescado azul** prioriza los lácteos (yogur o queso fresco) para evitar la acumulación de lípidos (grasas).

• Con un **pescado blanco** puedes escoger entre un lácteo suave o queso del tipo que quieras.

• El pescado azul se puede preparar con una pequeña cantidad de materia grasa, así que evita las salsas demasiado ricas como acompañamiento.

Ejemplos de menús:

• Papillote de salmón con espárragos verdes y crema de arroz integral con leche de arroz y fresas.

• Ensalada de col, fletán con pipas de calabaza, dúo de quinoa y yogur bífidus.

• Paella marinera y *smoothie* de zanahoria y manzana con leche de almendras.

• Salmonetes con puré de calabacín al comino, queso de cabra fundido sobre tostadas de pan de espelta, ensalada de hierbas y *mousse* de pera con nueces.

• Gazpacho de pepino con dados de feta, brocheta de pescado con piña y tabulé (de? bulgur, quinoa y mijo).

Las cenas bio «fórmula mixta»

Si eres de esas personas que no conciben una comida sin que haya de por medio algún alimento de origen animal, ya sea carne, pescado o huevos, puedes integrarlo tanto en la comida como en la cena a condición de que la cantidad sea más pequeña. Teniendo en cuenta el consumo excesivo de esta categoría de alimentos por parte de los occidentales, conviene no convertirlos en el elemento central de los menús. Es decir, en lugar de hacer una carne (o un pescado) con una guarnición de verdura, hagamos una **verdura con una guarnición de carne** (o pescado).

• No dudes en echar mano de restos de otras comidas: restos de un rustido para rellenar verduras o hacer un gratinado, de arroz para una ensalada fría, de verduras para una menestra...

• El hecho de consumir sólo una pequeña cantidad de carne o pescado nos permite comprar especies más caras, como salmón, ostras o pato...

• Esta fórmula es aplicable tanto a cenas calientes como frías: tabulé de cereales y moluscos, arroz cantonés...

Ejemplos de menús:

• *Pizza* de marisco, escarola con tomate y puré de manzana.

• Pastel de pollo con champiñones y queso de cabra, ensalada de «hoja de roble» y gazpacho de frutas de temporada.

• Canelones a la florentina (pescado, espinacas y bechamel), lechuga batavia y fruta fresca de temporada.

• Wok de espaguetis con quinoa, tomate y verduras con gambas, queso de cabra y lichis.

• Flan de brócoli, pan y cóctel de fruta fresca y frutos secos.

Cenas bio «fórmula vegetal»

Una o dos veces por semana «pon verde» a tu familia con esta fórmula vegetal. En lugar de articular el menú en torno a una carne o un pescado, monta un festival de verduras: cereales y/o legumbres con verdura cruda o cocida. La idea no es convertirse en vegetariano si no lo eres ya, sino favorecer un buen equilibrio entre las proteínas vegetales y animales que vamos consumiendo a lo largo de la semana. Esta fórmula va muy bien cuando la comida ha incluido una copiosa cantidad de carne (entrecot, churrasco o un buen lomo de salmón). También es ideal para compensar un fin de semana rico en carne tras disfrutar de una barbacoa con amigos donde apenas si hay verdura. Si esta fórmula te parece poco atractiva en un principio, verás cómo vas descubriendo sabrosas combinaciones.

		Carne, aves, jamón o huevos
0		Pescado azul/blanco o marisco
+		Cereales y/o legumbres
+/–		Pan
+		Verdura cocida
+/–		Verdura cruda
+		Materia grasa
+		Lácteo suave si hay pescado azul o carne
+/–		Queso si el pescado es blanco o si es marisco
+/–		Fruta cruda, (si no hay verdura cruda)
+/–		Fruta cocida, (si hay verdura cruda)

Cereales y/o legumbres

+/− Pan

+ Verdura cocida

+/− Verdura cruda

+ Materia grasa

+ Lácteo suave si no hay queso

+/− Queso si no hay lácteos

+/− Fruta cruda (si no hay verdura cruda)

+/− Fruta cocida (si hay verdura cruda)

Consejillos para los no iniciados:

Para familiarizarte con esta fórmula sigue tus preferencias culinarias sin complicarte la vida. Si no eres seguidor de un régimen vegetariano, el equilibrio aproximado de un menú vegetal no te creará ninguna carencia ¡te lo aseguro!

¿Con qué?

• Si es necesario que nuestro menú incluya huevos, aunque sea una fórmula vegetal se pueden incluir sin ningún problema.

• Si la receta del plato principal contiene **queso** o **leche** (gratinado, bechamel...), entonces no debes tomar más lácteos como postre.

• Si el plato tiene únicamente **verdura cocida** intenta conseguir la dosis necesaria de vitamina C a través de la **fruta cruda** como postre.

Ejemplos de menús:

• Curry de patatas y calabacines, queso fresco y kiwi.

• *Risotto* a las finas hierbas, copos de parmesano y carpaccio de piña.

• *Tajine* de habas, brócoli, maíz, trigo y almendras, *mousse* de ricotta y puré de fruta.

• Pimientos rellenos de bulgur y champiñones, yogur con fresas frescas.

• Gratinado de berenjenas, lentejas coral con arroz integral, macedonia de fruta con menta.

¿Son realmente eficaces las jarras filtrantes y los filtros de agua?

Si no te gusta el sabor del agua de tu grifo, sí. Para el resto, pese a todas las promesas de los filtros (que si reducen la cal, que si eliminan todas las impurezas, que si eliminan pesticidas...) no hay nada científicamente comprobado.

Una asociación de consumidores francesa, la UFCS (Unión Femenina Cívica y Social) ha instado a la AFSSA (Agencia Francesa de Seguridad Sanitaria de los Alimentos) para que proceda a un estudio sobre los riesgos sanitarios derivados de su utilización. En efecto, si el filtro retiene las sustancias filtradas, habría que ir cambiando de filtro continuamente pues de lo contrario estaríamos haciendo una especie de caldo de impurezas, con sus consecuentes riesgos. En este sentido, si usas jarras de este tipo deberías reemplazar los filtros a menudo, guardar el agua siempre en la nevera y consumirla antes de veinticuatro horas para evitar el desarrollo de las bacterias dentro de la jarra. Además, debes tener en cuenta qué haces con los cartuchos viejos porque son muy contaminantes y complicados de reciclar.

LAS BEBIDAS

¡El agua tiene prioridad!

Indispensable para el buen funcionamiento de nuestro organismo, el agua constituye **LA BEBIDA** por excelencia para hidratarse y calmar la sed. No contiene calorías porque está desprovista de azúcares o cualquier otro elemento nutritivo (proteínas o lípidos...). Por el contrario, contiene proporciones variables de sales minerales (calcio, magnesio...) según la fuente de la que proceda. Si lo que queremos es escoger la más barata, la menos contaminante y una de las más interesantes, la elección es sencilla: agua del grifo. Las cifras hablan por sí mismas:

• El agua del grifo cuesta de 100 a 300 veces menos que el agua embotellada.

• Sólo 4 botellas de plástico de cada 10 se reciclan.

• La calidad del agua del grifo en la mayor parte de España es muy buena y su composición está cercana a la de un agua mineral embotellada.

¿No te gusta su sabor o su olor? Tranquilízate, el sabor u olor a cloro que percibes garantiza precisamente su irreprochable calidad. A título informativo, según una reciente encuesta, el 22% de las aguas minerales naturales han sido juzgadas como no conformes por la DGCCRF* (por exceso en las dosis máximas de flúor, bario y manganeso), es decir, ¡una botella de cada cuatro!

Mi consejo

• Para eliminar el olor o sabor desagradables, echa el agua del grifo en una jarra y déjala reposar en la nevera por lo menos una hora: ¡al cabo de ese tiempo habrán desaparecido! Pero recuerda que debes beberte esa agua antes de veinticuatro horas.

....

* Encuesta realizada el 3er trimestre del 2006 en 13 regiones francesas por la Dirección General de Competencias de Consumo y Represión de Fraudes (DGCCRF).

• Puedes comprarte una jarra filtrante, cuesta unos 20€ y sus filtros duran bastante tiempo (unos tres meses aproximadamente, según las marcas). También puedes equipar tu grifo con un filtro del mismo tipo, un poco más caro pero a la larga más económico porque dura mucho más tiempo.

• El agua pura no existe. El sistema más eficaz es el filtro de ósmosis inversa: su membrana extremadamente fina deja pasar las moléculas del agua y retiene todas las demás (cal, cloro, metales...). Pero, claro está, su precio es para pensárselo dos veces (unos 500€).

Las bebidas azucaradas

Ninguna bebida azucarada del tipo sirope, gaseosa, soda, o zumo de fruta puede sustituir al agua durante el día. El consumo de dichas bebidas debe ser puntual, no cotidiano, por ejemplo en un aperitivo durante el fin de semana. En efecto, la cantidad de azúcar rápidamente asimilable que se encuentra en este tipo de bebidas no las convierte en el mejor método para hidratarnos porque corremos el riesgo de tener una subida de azúcar en sangre (hiperglucemia). A más o menos largo plazo, los picos de glucemia fatigan el páncreas, que no consigue secretar suficiente insulina para hacer frente a las altas tasas de azúcar en sangre y devolverlas a sus niveles nor-

¿En qué casos debemos consumir agua embotellada?

• Cuando el agua de grifo sea decididamente mala (en algunas poblaciones de la costa es bastante salada).

• Cuando necesitemos aguas bajas en minerales (<500 mg/l de residuo seco): por ejemplo para los biberones de los niños, para personas enfermas...

• Cuando necesitemos aguas minerales ricas en magnesio, por ejemplo en caso de estreñimiento, porque favorecen el tránsito intestinal.

• Cuando necesitemos aguas minerales ricas en calcio para compensar aportes insuficientes (prevención de la osteoporosis).

• Cuando requiramos aguas ricas en bicarbonatos para luchar contra problemas digestivos.

• Cuando haga mucho calor y transpiremos excesivamente tomaremos aguas fuertemente mineralizadas (>1500 mg/l de residuo seco).

¿Existen los refrescos bio?

Su composición, muy alejada del zumo de fruta natural, no parece nada compatible con la imagen bio. Y no encontrarás este tipo de bebidas en las tiendas bio. Además, tienen un doble inconveniente: su riqueza en azúcares que no provienen de la fruta natural y sus numerosos aditivos químicos (colorantes, acidulantes e incluso sulfitos). Un vaso de refresco gaseoso no aporta más calorías que un zumo de fruta, sólo que no contiene vitaminas ni sales minerales. En su versión light se endulza con edulcorantes de los llamados «intensos» (sacarina, aspartame, acesulfame de potasio) que no aportan calorías apreciables. Algunos consumidores valoran la ausencia de calorías de estas bebidas *light,* aunque a largo plazo no se ha podido demostrar su eficacia en las dietas adelgazantes. Otros prefieren evitar dichos edulcorantes ¡aunque no siempre son fáciles de detectar! Para evitar engaños, debes saber que menciones tales como «sin azúcar», «baja en azúcar», «sin azúcar añadido» o «contiene fenilalanina» indican su presencia.

males. A la larga, esto puede acabar por desarrollar una diabetes. Además, las bebidas de este género contienen una cantidad de azúcar más o menos importante, lo que implica un aporte inútil de calorías. Por todas estas razones, deben tomarse con moderación.

• **Los siropes** se pueden encontrar en las tiendas bio desde hace más de diez años, con una gama de sabores muy conocidos y apreciados por todos (limón, fresa, etcétera) o más originales (té a la menta, lichis, etcétera). Tienen la ventaja de no contener ni aromas artificiales ni glucosa ni el pernicioso sirope de glucosa. Su receta se basa en el empleo de azúcar moreno de caña y un proceso de fabricación a temperatura moderada que permite obtener un sabor auténtico, muy cercano al de la fruta. Así, una pequeña cantidad de sirope basta para edulcorar un simple vaso de agua. A título indicativo, añade un solo volumen de sirope por cada 9 cl de agua (contra los 7 cl de un sirope tradicional). Cuenta entonces unas 25 kcal por vaso de 100 ml.

• Recientemente, **las gaseosas bio** han hecho aparición en las tiendas bio, en versión natural o ligeramente aromatizadas (azahar, rosa...). El sirope de agave, que se comporta como un azúcar lento, reemplaza al azúcar refinado en las recetas tradicionales y reduce a la mitad el aporte calórico de un vaso en comparación con el de una gaseosa clásica. Tiene 17 kcal por vaso de 100 ml.

• Por lo que se refiere a la familia de **los zumos de frutas** siempre me pregunto dónde estará el «verdadero» zumo de fruta. Lo ideal es hacérselo en casa con un exprimidor, una licuadora o una batidora. En este sentido, los puristas prefieren el exprimidor y la licuadora siempre que sea posible porque ofrece un resultado más interesante: machaca las células vegetales (como nuestros dientes) sin destruirlas, sin calentarlas (extracción en frío a través de la rápida rotación de la base) y da un zumo tres veces más rico en vitaminas y sales minerales (según algunos análisis). En la práctica, es más complicado de limpiar y mucho más caro (una licuadora está entre los 70 y los 400€). Sea cual sea el método, una vez tengas el aparato se convertirá en un elemento indispensable en tu cocina. No sólo te servirá para hacer zumos de fruta sino para hacer zumos de verdura (de zanahoria, de remolacha, etcétera) y cócteles que asocien fruta y verdura según tus apetencias y tus reservas. Añádele hierbas aromáticas ie incluso especias! No podrás vivir sin ella...

• Cuando tengas que comprar este tipo de bebidas, compra buenos zumos de fruta «100% zumo», y no los confundas con los néctares, que son bebidas de fruta con muchas otras cosas que no salen de la fruta: leyendo las etiquetas verás como el porcentaje de fruta va disminuyendo y disminuyendo (entre el 25% y el 50%)... y las tasas de azúcar van aumentando y aumentando (ila lectura de las etiquetas siempre nos da sorpresas!). La menor cantidad de fruta y el proceso de fabricación reducen mucho su interés nutricional en este tipo de bebidas, en relación al aporte de vitaminas y sales minerales. El truco del fabricante consiste en restituir los nutrientes perdidos por el camino, con lo cual puede indicar en su etiqueta que «garantiza vitaminas y minerales». ¡Vaya pena! Cuenta 70 kcal por vaso de 100 ml.

Mi consejo

Compra zumos de fruta 100% que tengan fecha de caducidad en la estantería de productos frescos. Limítate a beber un vaso de vez en cuando (no cada día), por ejemplo en el desayuno de los domingos o antes de la comida. Su contenido en vitamina C garantizará un aporte satisfactorio comparable al de una fruta fresca. Pero mucho cuidado con sustituir el agua de las comidas por una bebida de frutas porque no es nada conveniente. Las calorías que se ingieren en forma de líquido no sólo no calman el apetito sino que

Recordatorio sobre las recomendaciones para el consumo de vino

Las mujeres no deben pasar de dos vasos de vino al día y los hombres de tres.

pueden abrirlo al aumentar la tasa de insulina en sangre.

• Los «**vinos bio**»* no existen oficialmente, porque la denominación «ecológico» se aplica normalmente al cultivo de la viña, que debe respetar las reglas de la agricultura ecológica. Por eso en sus etiquetas rezan frases tales como «uvas procedentes de la agricultura ecológica» y pueden llevar etiquetas ECO o BIO. Este etiquetado requiere por lo menos tres años de paciencia: el primer año para purificar la tierra, el segundo para convertirse en tierras de agricultura ecológica (inscripción en el «curso de conversión», que puede estar indicado también en el etiquetado) y la verdadera recolección de las primeras uvas bio, certificadas y controladas, que no llegan hasta el tercer año. El término bio no se refiere, pues, al proceso de fabricación del vino.

El problema será atajado próximamente mediante un pliego de condiciones europeo que definirá los criterios de vinificación bio, el cual debería ver la luz a lo largo del 2009. Algunos viticultores van más allá de las reglas de certificación actuales y se guían por documentos de derecho privado que definen las prácticas de vinificación ecológica como los de la FNIVAB, de *Nature et Progrès,* de Demeter y de Biodyvin.

Lo más importante de los vinos bio es la garantía de ausencia de pesticidas (en un estudio reciente de 2008 ise encontraron hasta diez pesticidas diferentes en botellas de vino no bio!). En cuanto al sabor, es una lotería, ni más ni menos que en la agricultura convencional. Todo depende del talento de la empresa vitivinícola. Pero cuando los vinos son buenos expresan mejor los minerales y se digieren sin problemas. Por

....

* Para saber más, recomiendo *La Guide des vins bio,* bajo la dirección de Pierre Guigui, con la colaboración de Marise Sargis, Jean Michel Deluc, Virginie Maignien y Jean Claude Trastour (de Éditions Marabout). Es muy objetivo y completo y propone una selección de las mejores bodegas bio.

¿Alcohol bio?

Teóricamente, todos los alcoholes son producto de la fermentación, maceración o destilación de vegetales y, en ese sentido, todas las bebidas alcohólicas podrían llevar la etiqueta de certificación ecológica.

Sin embargo no es así. Sólo podemos considerar una bebida alcohólica, incluidos los vinos, como bio cuando las uvas o las semillas de origen han sido cultivadas mediante la agricultura ecológica. Por eso, en bodegas y supermercados podemos encontrar vino bio, sidra bio y cervezas bio, específicamente. Escoger una cerveza bio es tener la garantía de que al menos el 95% de sus ingredientes son de origen ecológico (cebada, trigo, espelta, levaduras y demás) y que han sido producidos según la normativa de la agricultura ecológica, respetando el medio ambiente y sin el uso de pesticidas. Y en lo que respeta al agua, uno de los principales ingredientes, basta con que sea potable. Todos los productos de una bebida alcohólica bio han sido identificados y protegidos de contaminaciones cruzadas. A menudo, los cerveceros que producen cerveza bio, escogen procesos de fabricación artesanales voluntariamente, para ofrecer cervezas sin filtrar y sin pasteurizar.

ahora sólo podemos decir que la cantidad de vinos bio ha mejorado últimamente: al menos el 15% de las mejores marcas trabajan con agricultura ecológica.

Un grupo de empresarios ha creado el movimiento «vinos naturales» o «vinos sin azufre». Dicha mención comercial aplica principios físico-químicos naturales en el proceso de transformación de la uva en vino (levaduras naturales...) y un uso del azufre aún más limitado que el de la viticultura ecológica (porque el azufre parece ser la fuente de muchas migrañas y problemas gástricos).

Mi consejo

Escoge un buen vino bio, aunque no puedas consumirlo a diario, y bébelo siempre en el curso de una comida.

• **Las tisanas,** consideradas como la bebida nocturna por excelencia de las abuelas, se han visto de repente rejuvenecidas gracias a la cultura bio. Las puede consumir toda la familia entera (¡y no sólo las abuelitas!) y además pueden beberse en cualquier momento del día. El cultivo de plantas medicinales ofrece un verdadero plus para el bienestar. Es preferible usar hierbas para infusión en hojas secas que en bolsitas ya preparadas (muchas veces las hojas se han reducido a polvo) porque tienen más aroma (y son más ecológicas porque no requieren embalajes ni cajas ni nada). Juega con el binomio sabor/bienestar y degusta deliciosas tazas de tisana aprovechándote de todas las virtudes de las plantas medicinales en infusión.

Recientemente he descubierto tisanas bio listas para su empleo que mezclan sutilmente hierbas y zumos de frutas: romero con zumo de manzana para la digestión... ¡Un auténtico regalo, sorprendente y refrescante! (Se llaman «Tis'Up», y puedes encontrar información en ‹www.marie-de-mazet.fr›).

¿Cuánto, cuándo y cómo beber agua durante el día?

La recomendación oficial indica «beber 1,5 litros de agua al día, durante las comidas y entre horas, sola o en forma de infusión». Esta cantidad, recientemente puesta en duda, debe ser entendida como una cantidad orientativa, adaptable al peso, la edad y la actividad física de cada uno. Al beber agua durante todo el día, en pequeñas cantidades, el cuerpo se beneficia de aportes regulares antes, durante y después de las comidas. La sensación de sed no siempre se percibe cuando estamos concentrados en el trabajo, por ejemplo. Por eso no hay que esperar a tener sed para beber. El agua hidrata y juega un papel muy útil en la eliminación de toxinas del organismo. ¡Pero no te creas que el agua adelgaza!

Recetario de cocina bio

¡PASEMOS A LA PRÁCTICA!

Aquí te presento algunas recetas a base de ingredientes bio, unos más conocidos que otros, para que veas cómo es esta cocina simple, sabrosa y sana.

Prueba las **lentejas coral** combinadas con leche de coco en un potaje delicioso, aprende a incorporar **brotes de semillas germinadas** en tu verdura cruda y saborea la **quinoa** al estilo del *risotto*. ¡Un auténtico regalo!

¡MANOS A LA OBRA!

Crema de lentejas coral

6 personas | **aporte calórico** 184 kcal/pers. | **preparación** 10 min. | **cocción** 20 min.

200 g de lentejas coral • 1 cebolla •
50 cl de agua • 15 cl de leche de coco •
1/2 pastilla de caldo de ave •
2 zanahorias (unos 250 g) •
3 cucharaditas de aceite de oliva •
1 pizca de comino en polvo • 4 pizcas
de nuez de coco rallada • 1 cucharada de
cilantro picado • sal y pimienta

Enjuaga las lentejas y deja que se escurran. En una sartén antiadherente, calienta una cucharadita de aceite y añade la cebolla pelada y picada. Cuando transparente, incorpora el comino en polvo. Echa las lentejas y remueve con una cuchara de madera durante tres minutos, más o menos.

Después añade el agua y la media pastilla de caldo de ave. Deja que arranque a hervir. Lava y pela las zanahorias antes de cortarlas a rodajitas. Baja el fuego, añade las zanahorias, la leche de coco y la sal. Remueve bien. Deja cocer con la sartén tapada entre 15 y 20 minutos (las lentejas deben deshacerse solas con facilidad).

Bátelo todo junto con las dos cucharaditas de aceite restantes (añade un poco de agua para conseguir la consistencia que te guste más). Rectifica de sal si es necesario y añade pimienta molida. Reparte la crema en cuatro boles, espolvorea con cilantro picado y nuez de coco y sirve inmediatamente.

Lo + dietético: Las lentejas coral, una buena fuente de glúcidos lentos, ofrecen paralelamente un buen nivel de proteínas vegetales, útiles para favorecer la sensación de saciedad. Otra ventaja que tener en cuenta es su formidable cantidad de magnesio, de hierro y de fibras. Preparadas en potaje son ideales para dinamizar el organismo.

Queso fresco de cabra con brotes de espinacas y semillas germinadas

4 personas | **aporte calórico** 184 kcal/pers. | **preparación** 10 min.

200 g de brotes de espinacas •
1 pimiento rojo • 4 quesitos de cabra
(40 g cada uno) • 4 puñados de semillas
germinadas (de tipo alfalfa o mezcla).
SALSA: 1 cucharadita de ajo picado •
1 cm de jengibre fresco rallado •
1 cucharada sopera de menta picada •
1/2 limón verde exprimido •
3 cucharaditas de aceite de oliva •
1 cucharadita de aceite de sésamo •
1 cucharadita de salsa de soja •
pimienta molida

Lava bien el pimiento antes de cortarlo a láminas. Enjuaga los brotes de espinacas bajo un chorrito de agua y centrifúgalos después. Colócalos en cuatro platitos llanos. Coloca encima las láminas de pimiento y en el centro el quesito de cabra. Mezcla los ingredientes para hacer la salsa, riega la ensalada con ella y decora con un puñado de brotes de semillas.

Lo + dietético: ensalada y queso fresco forman una magnífica pareja de sabores y sales minerales. Si además le añadimos pimiento y brotes germinados ultravitaminados, ¡son un primer plato repleto de energía!

Ensalada estival de aguacate

4 personas | **aporte calórico** 174 kcal/pers. | **preparación** 15 min.

2 aguacates • 2 nectarinas •
80 g de ensalada de brotes • 1 puñado de
brotes germinados (alfalfa o mezcla) • 1
cebolla roja picada.
SALSA DE YOGUR: 1 cucharadita de
mostaza a la antigua • 1 cucharada
sopera de zumo de limón • 1 cucharada
sopera de perejil picado • 1 yogur natural
• 1 cucharadita de aceite de oliva •
sal y pimienta

Pela los aguacates y las nectarinas antes de cortarlos a láminas. Pon un puñado de brotes de ensalada en el centro de cada plato; dispón las láminas de fruta alrededor alternando aguacate y nectarina e incorpora algunos aros de cebolla. Reparte por encima los brotes germinados. Mezcla los ingredientes de la salsa y añádela por encima de la ensalada estival.

Lo + dietético: el aguacate es una fruta oleaginosa rica en grasas buenas, en vitaminas E, B6 y B9. Para beneficiarse de él sin que suba la cantidad de calorías, tómalo con una fruta dulce y una salsa rica en calcio y pobre en grasas.

Muslos de conejo con quinoa en blanco

4 personas | **aporte calórico** 351 kcal/pers.
preparación 15 min. | **adobo** 1 h | **cocción** 25-30 min.

8 muslos de conejo
ADOBO: 2 cucharadas soperas de aceite de oliva • 1 cucharada sopera de salsa de soja • 1 pizca de jengibre en polvo • piel y zumo de 1 limón verde • 150 g de quinoa (mezcla de roja y blanca) • la parte blanca de 1 puerro • 1 cebolla picada • 1 zanahoria rallada • 1 cucharada sopera de aceite de oliva • 3 dl de caldo de ave • sal y pimienta

Mezcla los ingredientes del adobo e introduce los muslos de conejo en él durante una hora.

Calienta el caldo de ave en una cacerola. Escurre los muslos de conejo y dóralos en un wok o en una cazuela. Retíralos y reserva en un plato. Calienta el aceite de oliva y sofríe la cebolla y el puerro picados. Añade la mezcla de quinoa en crudo junto con la zanahoria rallada, y remueve con una cuchara de madera. Vierte la mitad del caldo de ave caliente, tapa la cazuela y deja que cueza cinco minutos. Vierte el resto del caldo, remueve y añade los muslos de conejo dorados y el adobo. Tapa nuevamente y deja que cueza quince minutos más. Sirve caliente.

Lo + dietético: el conejo troceado permite adaptarlo a cocciones más cortas. Adobando los trozos previamente como estos muslos, la carne se vuelve más tierna y digestiva, acortando el tiempo de cocción. Atrévete a combinarlo con la quinoa, un grano rico en azúcares lentos y en fibras (contienen tantas como las lentejas).

Pechugas de pato con cerezas

4 personas | **aporte calórico** 203 kcal/pers. | **preparación** 10 min. | **cocción** 5 min.

12 pechugas de pato • 1 cucharada sopera de aceite de oliva • 1 cucharada sopera de miel • 1 cucharada sopera de tahín • 1 cucharada sopera de zumo de limón verde • 250 g de cerezas lavadas y deshuesadas • 2 cucharadas soperas de vinagre balsámico • pimienta molida.

Coloca las pechugas de pato en un plato hondo. Mezcla en un bol el aceite de oliva, la miel, el tahin, el zumo de limón verde y la pimienta. Echa este adobo en el plato de las pechugas y tápalo con film transparente para que se adobe en la nevera una hora. Después, calienta una sartén y dora las pechugas dos minutos por cada cara con el jugo del adobo y las cerezas. Reparte las pechugas y la salsa en platos, incorpora el vinagre balsámico a la sartén y remueve con una cuchara de madera. Calienta el vinagre un minuto y viértelo sobre las pechugas.

Sugerencia: espolvorea menta picada y acompaña el plato con arroz basmati.

Lo + dietético: para variar, puedes hacer que las cerezas sean saladas y quitarle al pato su piel grasa. El adobo ya contiene una buena dosis de grasas (aceite de calidad y puré de sésamo) y un ligero aporte de azúcar en forma de miel para ablandar la carne y perfumarla. En cuanto a las cerezas, aportan una elevada tasa de potasio y sus preciosos pigmentos rojos tienen propiedades antioxidantes, beneficiosas para proteger venas y capilares.

Salmón adobado en aceite de erguén

4 personas | **aporte calórico** 217 kcal/pers. | **preparación** 15 min. | adobo 9 h

300 g de salmón fresco • 1/2 ramo de cilantro fresco • las hojas de 2 ramas de menta fresca • zumo de 2 limones verdes • 6 cucharadas soperas de aceite de erguén • 2 cebolletas • pimienta molida

Pica el cilantro y las hojas de menta. Exprime los limones y mezcla el zumo con el aceite de erguén, las cebolletas picadas, las hierbas y la pimienta. Corta el salmón a tajadas finas y colócalas en un plato hondo, sin que queden montadas unas encima de otras. Vierte el adobo por encima, tapa con *film* transparente y reserva en frío tres horas. Luego dale la vuelta a las tajadas de salmón y resérvalas seis horas más en la nevera. Sirve bien frío con una ensalada verde decorada con tomates *cherry* aliñada con el jugo del adobo.

Lo + dietético: para preservar los ácidos grasos «esenciales» del tipo omega-3 presentes en el salmón, no hay nada mejor que un adobo. Sus benéficas grasas son buenas para la salud cardiovascular y, en efecto, son muy sensibles al calor de la cocción, ¡por eso no debe cocerse el salmón! Si puedes, date el lujo de usar aceite de erguén, tan raro como caro pero muy gustoso y más rico en vitamina E que el de oliva.

Quinoa al estilo *risotto* con champiñones

4 personas | **aporte calórico** 280 Kcal/pers. | **preparación** 10 min. | **cocción** 15-20 min.

200 g de quinoa • 300 g de champiñones limpios y cortados • 30 g de parmesano rallado • 1/2 litro de caldo de verduras • 1 cucharada sopera de aceite de oliva • 1 cebolla cortada • 1 cucharada sopera de perejil picado • sal y pimienta.

Calienta el caldo de verduras en una olla a fuego lento que mantendrás en el fuego durante toda la receta. Calienta el aceite de oliva en una sartén y pon la cebolla a sudar. Añade la quinoa cruda y mezcla bien con una espátula. Cuando la quinoa esté translúcida, añádele un cacito de caldo. Cuando haya absorbido el caldo, incorpora otro cacito más y continúa así hasta que el caldo se acabe o bien la quinoa esté cremosa (alrededor de quince minutos). En el curso de la cocción, añade los champiñones, el perejil y la sal. Espolvorea con pimienta recién molida al final de la cocción y reparte el parmesano por encima antes de servir.

Lo + dietético: para apreciar la quinoa este tipo de cocción me parece el mejor. Sus granos son ricos en glúcidos (azúcares) lentos y se van cociendo suavemente mientras absorben el caldo. Quedan firmes exteriormente pero cremosos por dentro. Acompañada de cebolla, de champiñones y de un toque de parmesano, la quinoa gana en sabor y sus niveles de sales minerales aumentan.

Minicreps de manzana con salsa de agave

6 personas | **aporte calórico** 153 kcal/crep | **preparación** 15 min. | **cocción** 10 min.

2 manzanas reineta • 125 g de harina de arroz • 1 cucharada sopera de azúcar moreno de caña • 1/2 cucharadita de canela en polvo • 2 huevos • 2 cl de leche de arroz (o leche descremada de arroz) • una pizca de sal
SALSA: 1 cucharada sopera de crema de arroz • 125 ml de leche de arroz • una pizca de canela y 1 cucharadita de sirope de agave (o de sirope de arce)

Vierte la harina en una fuente con la sal y la canela. Haz un cráter en el centro e incorpora un huevo entero y una yema sola. Añade el azúcar y mezcla con las varillas hasta obtener una pasta. Incorpora la leche progresivamente. Corta las manzanas a cuartos, pélalos y retira las pepitas. Reserva dos cuartos y ralla los otros por encima de la pasta de creps. Mezcla bien. Deja que repose media hora en la nevera.

Monta la clara que te ha sobrado a punto de nieve con una pizca de sal y mézclala delicadamente con la pasta.

Engrasa una sartén con un poco de aceite de oliva o margarina y cuece las minicreps. Prepara la salsa: calienta la leche con la canela y la crema de arroz unos cinco minutos. Cuando espese, incorpora el sirope, mezcla bien y riega las creps con ella. Decora con los cuartos de manzana reservados, previamente rallados.

Lo + dietético: harina, crema y leche de arroz. Son ingredientes que convierten estas creps en superdigestivas porque esta receta a base de cereales no contiene gluten ni lactosa, cosa que no pasaría con el trigo y la leche de vaca. La salsa, a base de sirope de agave o de arce, proporciona sobre todo fructosa, un azúcar de absorción lenta. Su poder edulcorante es superior al del azúcar (sacarosa) y permite dosis menores. Pero añade siempre el sirope en el último momento porque no tolera bien la cocción.

Brocheta de ciruelas de damasco y *smoothie* de leche de almendras

4 personas | **aporte calórico** 121 kcal/pers. | **preparación** 15 min. | **cocción** 5-8 min.

500 g de ciruelas lavadas y deshuesadas • 1 cucharada sopera de azúcar integral • 3 bolas de helado de leche de almendras bio • 100 g de tofu suave • 4 pizcas de canela en polvo bio • 4 pinchitos de madera

Precalienta la parrilla del horno. Pincha seis medias ciruelas en cada uno de los cuatro pinchos de madera y rebózalos en azúcar. Coloca las brochetas en la bandeja del horno y déjalas unos minutos por cada lado. Mientras tanto, coloca el resto de ciruelas en la batidora y añade el helado y el tofu. Bate bien, reparte la mezcla en vasitos y espolvoréalos con un poco de canela. Sirve una brocheta y un vasito en platos individuales de postre.

Lo + dietético: como contiene poca vitamina C, la ciruela no pierde nada con la cocción y queda mucho más suave. Es rica en minerales y en fibras. Poco azucarada, se puede acompañar con un *smoothie* para aportar calcio al postre.

Bizcocho de frutos rojos

1 bizcocho | **aporte calórico** 105 kcal/pers. | **preparación** 20 min. | **cocción** 45 min.

3 huevos • 100 g de harina T65 y 100 g de harina T80 • 1 cucharada sopera de azúcar moreno de caña • 1 yogur natural • 50 g de aceite de oliva (1/2 bote de yogur), 1/2 sobre de levadura química • 300 g de frutos rojos variados (grosellas, frambuesas, moras...), 1 cucharada sopera de menta picada • 1 pizca de sal • un molde antiadherente para bizcochos (de 1 litro)

Precalienta el horno a 180 °C (termostato 6). Mezcla la harina con la levadura y una pizca de sal en una fuente. Aparte, bate los huevos con el azúcar a fin de obtener una mezcla espumosa. Vierte en la fuente junto con el yogur y la menta y mezcla e incorpora el aceite poco a poco. Tamiza una cucharada sopera de harina sobre los frutos rojos antes de mezclarlos delicadamente con la masa del bizcocho. Échalo todo en el molde y hornea 45 minutos.

Lo + dietético: este bizcocho lleva aceite en lugar de la tradicional mantequilla pero conserva su textura esponjosa.

Conclusión

Yo también me pregunté un día sobre el origen de los alimentos y las vicisitudes por las que habrían pasado antes de llegar a mi plato.

Yo también me pongo nerviosa cuando oigo hablar de la presencia de pesticidas, aditivos, colorantes o sustancias químicas en la comida que consumo cada día.

Yo también quiero comer sano y poner en la mesa menús apetitosos y nutritivos para toda mi familia.

Yo también quiero sentarme a la mesa sin temer por mi salud y la de mis hijos.

Todo el mundo se hace las mismas preguntas que yo sobre lo que está pasando ahora y sobre el futuro. Así que, para responder a todos los que me preguntan cada vez que se topan conmigo por la calidad de los alimentos, por la mejor forma de prepararlos y por la forma de confeccionar menús sanos para comer a diario, me pareció útil escribir esta guía.

Al abordar la alimentación bio, he agrupado las nociones de placer gustativo, equilibrio alimentario y sostenibilidad medioambiental. Porque para comer bien y apreciar lo que comemos también hay que dar de comer correctamente a la tierra y a los animales. Respetar esta sencilla ley de la naturaleza es respetarse a sí mismo. ¡Todo va unido!

Espero que mi familia, mis amigos, los cocineros con los que trabajo, las personas que prueben mis recetas, las que lean o escuchen mis crónicas y todos los que estén interesados por este tema encuentren la información que necesitan en esta guía y aprecien los consejos aquí presentes para ayudarles a implicarse en la actitud bio.

¡Y buen provecho a todos, claro!

Bibliografía

Ludmilla de Bardo, *Vitalité et graines germées,* Éditions de Bardo.

Alexis Botaya, *Guide de l'écofood,* Éditions Minerva.

Dr. Laurent Chevallier, *Impostures et vérités sur les aliments,* Éditions Fayard.

Odile Davy-Martine Fayolle, *Cuisinons avec les huiles essentielles,* Anagramme Éditions.

Philippe Desbrosses, *Acheter bio: Le guide Hachette des produits bio,* Éditions Hachette Pratique.

Lylian Le Goff, *Manger bio, c'est pas du luxe,* Éditions Terre Vivante.

Léa Morgat, *Aromathérapie familiale avec les huiles essentielles bio,* Anagramme Éditions.

Le Guide des vins bio, bajo la dirección de Pierre Guigui, con la colaboración de Marise Sargis, Jean-Michel Deluc, Virginie Maignien y Jean-Claude Trastour, Éditions Marabout.

Guide des restaurants bio 2008, La Plage Éditeur.

«Webgrafía»

Para saber más:

‹www.asoc-biodinamica.es›

‹www.consumo-inc.es/GuiaCons/home.htm›

‹www.celiacos.org/›

‹www.glutenyalergias.com/?gclid=COH1n4mdtpkCFQVinAodTjdQAw›

‹www.celiaconline.org›

‹www.aesan.msc.es/›

‹www.directoalpaladar.com/enologia/el-vino-ecologico-pero-en-que-consiste›

‹www.agroterra.com/productos/vinos-ecologicos›

‹www.neo-planete.com/es/›

‹www.eco-food.ge/› (inglés)

‹www.alimentos-ecologicos.net/›

‹www.agroecologia.net›

‹www.ecoalimenta.com›

Para las compras bio:

‹oscommerce.productosecologicossinintermediarios.es/›

‹www.fenoll.eu/›

‹tutiendaecologica.es/epages/ea7511.sf›

‹www.natursoy.es/›

‹www.comprasana.com/›

‹www.alimentosecologicos.es/›
‹www.productos-ecologicos.com/›
‹www.productosnaturalesyecologicos.es/›
‹mi-estrella-de-mar.blogspot.com/2008/10/dnde-comprar-alimentos-ecolgicos.html›
‹www.cestaverde.com/›
‹www.ecologicaltomas.com/›
‹www.ecototal.com/amp_articulos.php?tipo=11›
‹www.biomanantial.com/›
‹www.mondat.com/panecologico.html?gclid=CIWclqWitpkCFRJexwodWzJx5Q›
‹www.ecoveritas.es›
‹www.delaterra.net›
‹www.naturasi.es›
‹www.ecototal.com›
‹www.gastronomiaycia.com›

Y mi dirección:
«La Badiane», en Drôme provençale (iprimera región bio de Francia!), en Chez Michel et Frédérique Welterlin.
Hameau de Ruissas, 26170 Montauvan sur l'Ouveze
Tel. 0475271774
‹www.la-badiane-sejours.com›

Índice de recetas

Agradecimientos

Quiero dar las gracias a la Agencia Bio, a su directora y a su presidente, por toda la valiosa información que me transmiten regularmente, poniéndome en contacto, siempre que es posible, con los mejores interlocutores.

Doy las gracias a los diversos científicos de la alimentación que me regalan su tiempo para explicarme y detallar los resultados de sus investigaciones.

También doy las gracias a todos los protagonistas de la cultura bio (agricultores, artesanos, comerciantes) que he tenido la suerte de conocer sobre el terreno, que han respondido a todas mis preguntas y me han hecho compartir su saber hacer desde la modestia.

Doy las gracias a mi amiga Marisa, periodista bien informada, por su atenta lectura y sus comentarios constructivos.

Gracias a Coralie, de Ediciones Vigot, por haber creído en esta guía. Su participación activa y convencida a lo largo de este proyecto ha contribuido enormemente al nacimiento de esta guía. Un gran bravo a Pierre Bourcier por sus ilustraciones divertidas y pertinentes, que amenizan la lectura de esta obra de la primera a la última página. También doy las gracias a Mano por las fotos que nos ha permitido tomar.

Y, cómo no, a mi marido Philippe, por su apoyo permanente y su paciencia, y a mis dos hijas, prematuramente iniciadas en la alimentación bio («Mamá, iestá bueno y es bio!»).

Gracias a mi madre, que me ha transmitido el gusto por las cosas buenas, y a mi padre, que me animó a escribir.

Solveig Darrigo-Dartinet

Título de la edición original: **Guide de l'alimentation Bio**

Es propiedad, 2008
© **Éditions Vigot,** 23, rue de l'École-de-Médecine, 75006 Paris, France.

© de la edición en castellano, 2009:
Editorial Hispano Europea, S. A.
Primer de Maig, 21 - Pol. Ind. Gran Via Sud –08908 L'Hospitalet - Barcelona, España
E-mail: hispanoeuropea@hispanoeuropea.com
Web: www.hispanoeuropea.com

© ilustraciones: **Pierre Bourcier**

© de la traducción: **Pilar Guerrero**

Depósito Legal: B. 31247-2009 – ISBN: 978-84-255-1880-5

Impreso en España - LIMPERGRAF, S. L. - Mogoda, 29-31 (Pol. Ind. Can Salvatella) - 08210 Barberà del Vallès